AF301807

Bibliografische Information der Deutschen Nationalbibliothek:

Die Deutsche Nationalbibliothek verzeichnet diese Publikation in der Deutschen Nationalbibliografie; detaillierte bibliografische Daten sind im Internet über http://dnb.d-nb.de abrufbar.

Impressum:

Copyright © 2016 Studylab

Ein Imprint der GRIN Verlag, Open Publishing GmbH

Druck und Bindung: Books on Demand GmbH, Norderstedt, Germany

Coverbild: Freepik.com I Flaticon.com I GRIN

Andreas Fachner

Die Transformation der Medienproduktion der Videobranche durch YouTube, Social Media und Multi-Channel-Networks

Nicht länger in die Röhre gucken?

2015

Abstract

Die Medienproduktion der Videobranche auf dem Unterhaltungsmarkt befindet sich in einem grundlegenden Transformationsprozess: Sowohl für die Produktion und Distribution von Inhalten als auch zur Interaktion mit Zuschauern ist das Internet mit sozialen Netzwerken wie YouTube, Facebook und Twitter zum festen Bestandteil geworden. Anhand einer Analyse von Praxisbeispielen aus Fernsehen und Internet in Verbindung mit Interviews professioneller YouTuber zeigt die vorliegende Arbeit, dass die Konsumenten eine zunehmend zentrale Rolle in der Wertschöpfungskette der Medien einnehmen. Aus zuvor ausschließlich passiven Rezipienten werden durch die Beteiligung via Social Media aktive Mitschauer, die mit den Produzenten interagieren. Die Rezipienten können zum Ideengeber für neue Inhalte oder zum Inhalt der Videos selbst werden – eine Entwicklung, die aus Produzentenperspektive ein Content-Crowdsourcing darstellt. Darüber hinaus zeichnen sich die Trends der strukturellen und qualitativen Professionalisierung der Videoproduktion im Internet ab, während Fernsehunterhaltung durch die Integration von Social Media und Content-Crowdsourcing partizipativer wird und sich in Richtung der Online-Video-Kultur bewegt.

The video industry's media production in the entertainment market is undergoing a fundamental process of transformation. The Internet with its social networks such as YouTube, Facebook and Twitter has become an integral part of both production and distribution of content as well as a means to interact with viewers. Within the scope of this thesis, an analysis of examples from television and online in conjunction with conducted interviews of professional YouTubers proves that consumers now play a key role in the media value chain. Formerly exclusively passive spectators become active participants through the use of social media. Furthermore, real interactions between them and the producers occur. Viewers can become a source of ideas for new content or turn into the content of the video itself – a development which can be described as content crowdsourcing from a producer's perspective. In addition, the trends are showing that video production on the internet is being professionalized both structurally and qualitatively, as well as television productions moving toward the online video culture by incorporating social media and content crowdsourcing and thus growing more participatory.

Ich danke meinem Freund Freddie,

Paluten und Rewinside, ohne die diese Arbeit nicht möglich gewesen wäre

Inhaltsverzeichnis

8. Theorie zur Transformation der Videobranche 57

9. Resümee 58

Literaturverzeichnis 60

Anhang 72

1. Einleitung

Die Redewendung »In die Röhre gucken« bedeutet nicht nur, dass jemand leer ausgeht, sondern bezeichnet umgangssprachlich auch das Fernsehen. Fernsehschauen – provokativ gesagt – war gestern und YouTube mit seinem Slogan »Broadcast Yourself« ist heute. Denn längst ist die Übermittlung und der Konsum von Bewegtbild nicht mehr auf die technische Apparatur, die Ursprung dieser Formulierung ist, beschränkt. Sowohl die Empfangsgeräte als auch die Videoinhalte haben sich weiterentwickelt und teilweise grundlegend verändert. Infolge von Digitalisierung, der Verbreitung des Internets und Phänomenen wie der Medienkonvergenz unterliegt die Medienbranche seit einigen Jahren einer Transformation – nicht nur hinsichtlich der Distribution ihrer Inhalte, sondern auch im Blick auf deren Produktion. Dies trifft besonders auf die Videobranche zu, die im Fokus dieser Arbeit steht. Dabei ist der Wandlungsprozess der Bewegtbildindustrie bei Weitem nicht abgeschlossen, sondern gegenwärtig in vollem Gange. „Dennoch werden Innovations- und Entwicklungsprozesse in der medienökonomischen Literatur bisher vernachlässigt" (Fröhlich 2010: 117). Mithilfe der vorliegenden Arbeit soll diesem Defizit entgegengewirkt werden und die Medienproduktion in der Videobranche sowohl online als auch offline näher untersucht und analysiert werden. Dazu wird das Augenmerk auf das Unterhaltungsgenre gelegt und andere Bereiche – wie etwa Journalismus oder Nachrichtenberichterstattung – ausgeklammert. Auch auf das Verhältnis von TV-Sendern und Produktionsfirmen wird nicht näher eingegangen. Stattdessen werden die Verhältnisse zwischen ihnen und den Zuschauern[1] erforscht.

Den Kern dieser Arbeit bildet die Untersuchung, wie YouTube und Social Media sowie das Internet als Kommunikationstechnologie selbst die Medienproduktion der Videobranche auf verschiedenen Ebenen verändern und sich in Verbindung mit dem Fernsehen gegenseitig beeinflussen. Die verschiedenen Aspekte und Entwicklungen werden zunächst von technologischer Seite aus betrachtet, bevor ihre Auswirkungen auf die Inhalte untersucht werden. Neben einem Überblick über die Phänomene der Digitalisierung und Medienkonvergenz, Social Media und Zuschauerverhalten sowie die Medienökonomie und Multi-Channel-Networks werden die neuen Rollen der Rezipienten und Produzenten in puncto Medienproduktion analysiert. Zu diesem Zweck werden die beiden Fernsehsendungen *Neo Magazin Royale mit Jan Böhmermann* (ZDF/ZDFneo) und

---

[1]   Im Interesse der Leserfreundlichkeit wird im Text auf geschlechtsbezogene Doppelungen verzichtet. Das maskuline Geschlecht schließt das feminine mit ein.

GRIP – Das Motormagazin (RTL II) untersucht und anhand qualitativer Leitfaden-Interviews mit den professionellen YouTubern *Rewinside*, *Paluten* und *Sturmwaffel* der Status quo der YouTube-zentrischen Online-Videoproduktion analysiert. Auf den Erkenntnissen der deskriptiv-fallbasierten Analysen baut abschließend der Versuch einer Theoriebildung zur gegenwärtigen Transformation der Videobranche auf.

2. Digitalisierung und Medienkonvergenz

„Nichts ist älter als die Zeitung von gestern", sagt der Volksmund. Während früher vor allem aber die medialen Inhalte überholt wurden, verändern sich heutzutage auch die Kommunikationsmedien selbst mit hoher Geschwindigkeit und schneller Taktrate. Gleiches gilt für Konsumgewohnheiten und unser Verhältnis zu ihnen. Beim alltäglichen Gebrauch wird dem Nutzer das jedoch nur selten explizit bewusst. Ein Schritt zurück und ein Blick in die nahe Vergangenheit offenbaren die rasante Entwicklung. Wollten wir fernsehen, haben wir vor nicht allzulanger Zeit noch das klassische TV-Gerät eingeschaltet. Bereits im Jahr 2007 stellt Keen in seinem Werk *The Cult of the Amateur* fest: „Now, we turn on our computers, flip open our cell phones, switch on our TiVos [Fernsehreceiver mit integrierter Festplatte und Aufnahmefunktion], or plug into our video iPods" (Keen 2007: 123f.). Das war vor acht Jahren. Mittlerweile sind Handy und iPod Video in einem Gerät durch das Smartphone abgelöst. Mit Breitbandverbindung streamen wir Sendungen und Videos von Mediatheken, YouTube und Netflix auf eine Vielzahl von Endgeräten – zu Hause wie unterwegs. Digitalisierung, das Internet und Medienkonvergenz nehmen immer wieder Einfluss auf Medienproduktion, -einsatz und -konsum und werden das auch zukünftig tun. Besonders das Bewegtbild und dessen Produktion und Distribution scheinen sich zur Zeit in einem grundlegenden Wandlungsprozess zu befinden, in dem die Weichen für die Zukunft gestellt werden.

Bevor vergangene und gegenwärtige Entwicklungen in der Digitalisierung und Medienkonvergenz betrachtet werden, ist zu Beginn dieser Arbeit eine Definition der Begriffe »Medium«, »Internet« und »Medienkonvergenz« sowie ein näherer Blick auf ihre Konzepte sinnvoll. Der Duden (2015: o. S.) – mittlerweile in digitaler Form online – definiert »Medium« als ein vermittelndes Element, einen technischen Apparat, der als Informationsträger dient. Michaela Maier (2004: 16), Professorin für angewandte Kommunikationspsychologie, beschreibt ein Medium als etwas, „das zwischen uns steht: das Buch, die Zeitung, Radio, Fernsehen". Sie betont im unmittelbaren Anschluss jedoch, dass sich das Wesen und die Funktionsweise von Medien „nicht auf eine elementare Definition und auf einen einfachen Schnitt oder Sachverhalt reduzieren" (ebd.: 16f.) lassen. Die Definitionen und Verständnisse von dem, was Medien sind, gehen in der Literatur auseinander. Im Rahmen dieser Arbeit werden Medien nicht als rein technologische Einheiten verstanden, sondern als ein technologisch-soziales System. Fuchs (2014: 37) beschreibt den Dualismus dieser Definition als „they have a technological level of artefacts that enable and constrain a social level of human activities that create knowledge that is produced, diffused and consumed with the help of the artefacts of the technological level". Massenmedien sind das, was den meisten beim Begriff »Medien« als Erstes in den Sinn kommt: Fernsehen, Zeitung, Radio, kurzum Informationsträger, die auf den Konsum durch viele – die Masse – zugeschnitten und dafür bestimmt sind. *Ein* Sender setzt die Nachricht für *viele* Empfänger in die Welt. Nach diesem Prinzip haben sich die auditiven und audio-visuellen Massenmedien – Hörfunk, Film und Fernsehen – im 20. Jahrhundert verbreitet und etabliert.

Mit dem Internet hat in den letzten Jahren ein besonderes Massenmedium Einzug in den Medienalltag gehalten. Es ist kein Massenmedium im klassischen Sinne. Quasi-soziale Interaktionen – also solche, die sich für den Empfänger so darbieten und anfühlen mögen, tatsächlich aber keine sind – stellen ein typisches Merkmal der klassischen Massenmedien dar (vgl. Lüders 2007: 184). Das Internet ermöglicht auf der einen Seite diese Massenkommunikation, beispielsweise durch Videos auf YouTube, die von Millionen Menschen angesehen werden. Auf der anderen Seite handelt es sich beim Internet zugleich um individuelle Kommunikation, denn das Erstellen und Auswählen möglicher Empfänger der Kommunikation erfolgt selbstständig, ebenso wie die Auswahl spezifischer Nachrichten und Inhalte (vgl. Castells 2009: 55). Dieses Phänomen nennt Castells „mass self-communication" (ebd.: 8) und verweist darauf, dass es in Netzwerken stattfindet. Er sieht das Internet als „technologische Basis für *die* Organisationsform des Informationszeitalters: das Netzwerk" (Castells 2005: 9) und charakterisiert das Internet als „ein Kommunikationsmedium, das erstmals die Kommunikation *vieler* mit vielen zu einem Zeitpunkt ihrer Wahl und im globalen Maßstab erlaubt" (ebd.: 10).

Aufgrund seiner digitalen Natur kann das Internet verschiedene Arten von Inhalten transportieren – von Text über Audiodateien bis hin zu interaktiven 360-Grad-Videos. Das Zusammenkommen, die Konvergenz, verschiedener Medien im Internet ist die Folge davon und wird in der Medien- und Kommunikationswissenschaft unter dem Begriff »Media Convergence« untersucht. Ähnlich wie bei der inhaltlichen Begriffsfassung von »Medium« gibt es auch für Medienkonvergenz nicht die *eine* Definition. Als einer der Ersten, die sich damit beschäftigten, prägte der Politik- und Sozialwissenschaftler Ithiel de Soola Pool (1983: 23) den Begriff der Medienkonvergenz als „blurring the lines between media, even point-to-point communications, such as the post, telephone, and telegraph, and mass communications, such as the press, radio and television". Knapp zwei Jahrzehnte später wurden unter dem Begriff vor allem „die Auswirkungen der Internet-Technologie auf die Distribution bestehender und die Produktion neuartiger multimedialer Medieninhalte diskutiert" (Seufert 2004: 64). In Verbindung mit der Beschreibung von Henry Jenkins stecken diese beiden Aussagen das ab, was im Rahmen dieser Arbeit unter Medienkonvergenz verstanden wird. Jenkins nennt als Merkmal von Medienkonvergenz den Fluss von Inhalten über mehrere Medienplattformen hinweg sowie deren Kooperation miteinander und attestiert Konsumenten ein zunehmendes Migrationsverhalten bei der Mediennutzung, also einen häufigen Wechsel der Plattformen und Endgeräte (vgl. Jenkins 2006: 2). Entscheidend ist aus seiner Sicht, dass es sich bei diesem Konvergenzprozess sowohl um eine Entwicklung auf technologischer Ebene handelt (zum Beispiel die Multifunktionalität von Mobiltelefonen, die weit über die Telekommunikationsfunktion hinaus geht), als auch um eine Entwicklung auf kultureller Ebene. Das Konsumverhalten von Medien wird individualisierter und speist sich aus einer Vielzahl von Angeboten, die die Konsumenten nach ihren Bedürfnissen auswählen und zusammenstellen (vgl. ebd.: 2, 16).

Mit der wachsenden Auswahl am digitalen Buffet erlangen die Konsumenten Macht, denn aufgrund des großen Angebots gewinnt die Entscheidung für ein spezielles Medium und Medienangebot an Gewicht. Dabei bedeutet Medienkonvergenz mit ihren gesteigerten Auswahlmöglichkeiten an Inhalten und Endgeräten häufig nicht nur Vereinfachung, sondern vielmehr eine Steigerung der Komplexität (vgl. Fagerjord & Storsul 2007: 29). Während lineare Medienangebote nur die Option bieten, das »Vorgesetzte« in der angebotenen Form zum Sendezeitpunkt zu konsumieren oder eben nicht, kommen als Folge des Konvergenzprozesses die Variablen des *Wie*, *Wann* und *Wo* hinzu. Neben dem Gewinn an Freiheit auf Konsumentenseite hat dies grundlegende Auswirkungen auf die Produzenten- und Distributorenseite. „Die technologische Konvergenz [...] ermöglicht Alternativen zum etablierten TV-Angebot" (Zabel 2009: 212). Dadurch, dass junge Erwachsene, Jugendliche und Kinder mit Medienvielfalt und -konvergenz aufgewachsen sind und sie wie selbstverständlich nutzen und voraussetzen, wird lineares Fernsehen „zu einem Relikt vergangener Tage" (Beisswenger 2010: 20). Verschiedene Studien haben diesen Trend beschrieben und stellen in Bezug auf die technischen Endgeräte beispielsweise fest, dass 25,7 Prozent der Jugendlichen im Alter von 14 bis 19 Jahren angeben, dass der Laptop ihr wichtigster Zugang zu Fernsehen und Videos ist (vgl. Kunow 2014: 45). Als noch wichtiger erachten sie allerdings das Smartphone – Sinnbild der Medienkonvergenz – als Endgerät für Kommunikation und Mediennutzung (vgl. ebd.). Daran anknüpfend werden im nächsten Kapitel die technologische Entwicklung des Fernsehens sowie verschiedene Formen der Videodistribution im Internet in den Blick genommen.

2.1 Aktuelle technologische Entwicklungen des Fernsehens

Seit Beginn des 21. Jahrhunderts haben sich durch die Digitalisierung der Kommunikation auch das Fernsehen und die dafür genutzten Technologien verändert und weiterentwickelt. In den letzten Jahren hat das klassische Fernsehen den Übergang von der analogen zur digitalen Übertragung vollzogen. In Deutschland empfingen im Jahr 2014 „83,8 Prozent der TV-Haushalte digitale Fernsehsignale" (Kunow 2014: 34). Obwohl das Fernsehen in seinen Grundzügen als lineares Massenmedium nach wie vor Bestand hat, brechen technische Neuerungen wie Video-on-Demand, Livestreaming und zusätzliche Video- und Unterhaltungsangebote aus dem Internet die alten Machtstrukturen und Monopolstellungen sukzessive auf. Die (Auswahl-)möglichkeiten der Zuschauer zum Fernsehkonsum erweitern sich und ermöglichen Unabhängigkeit gegenüber den klassischen Anbietern. Ein Blick auf die Geräte selbst offenbart, dass das heutige TV-Gerät nicht mehr viel mit dem alten „Flimmerkasten" gemein hat. Das TV-Signal kommt nicht mehr exklusiv über Satellit oder Kabel auf den Bildschirm. IPTV – regulär lineares Fernsehen über einen dafür reservierten Teil des Internets – ist ein Beispiel dafür. Obwohl diese Technik schon seit etwa zehn Jahren angeboten wird, empfangen aktuell dennoch nur 4,9 Prozent der deutschen Haushalte ihr Fernsehsignal mit IPTV (vgl. ebd.: 39). Ebenfalls niedrig ist zur Zeit noch die Verbreitung und Nutzung von internetfähigen Fernsehern, sogenannten »SmartTVs«, mit denen man beispielsweise YouTube-Videos oder kostenpflichtige Video-on-Demand-Dienste direkt auf dem Gerät abrufen kann. Derzeit verfügen 16 Prozent der TV-Haushalte über ein SmartTV, doch nur bei 9,5 Prozent, was 3,7 Millionen Haushalten entspricht, ist das Gerät auch tatsächlich mit dem Internet verbunden (vgl. ebd.: 41ff.). Davon nutzen 28,5 Prozent (das entspricht 1,05 Millionen Haushalten) mindestens einmal monatlich ein Video-on-Demand-Angebot über den Fernseher (vgl. Kunow 2014: 43).

Allerdings ist bei diesen Zahlen zu beachten, dass die genannten Videodienste von der Mehrheit der Konsumenten nicht über das SmartTV genutzt werden, sondern mit dem Computer oder Peripheriegeräten für das TV, deren Hauptfunktion der Zugriff auf eben solche Online-Dienste ist. Apple TV (*Apple Inc.*), Firestick (Amazon) und Chromecast (Google) stellen mit ihrem zeitlich ungebundenen Zugriff auf die jeweiligen Medienbibliotheken mit umfassendem und vielfältigem TV-, Film- und Videoangebot eine starke Konkurrenz zum linearen

TV-Konsum über den Receiver dar. Von weitaus größerer Bedeutung als die Frage spezifischer Endgeräte ist jedoch, gemessen an Nutzerzahlen, die der Bewegtbilddistribution im Internet. Ihre Entwicklung und der gegenwärtige Stand werden in den folgenden Kapiteln im Fokus stehen.

2.2 Videodistribution im Internet

Da im Internet die Zuschauer frei auswählen können, wann und was sie sehen möchten, gewinnen sie gegenüber Produzenten und Sendern an Bedeutung und werden in ihrer Position der Auswählenden entscheidender Dreh- und Angelpunkt in der Wertschöpfungskette der Medien (vgl. Haridakis & Hanson 2009: 317). Aufgrund dieser Machtverschiebung war es die Sorge vieler Sender und Netzwerke, dass Zuschauer das Fernsehprogramm in Form einzelner Clips oder ganzer Sendungen im Internet und insbesondere auf YouTube anstatt im Fernsehen anschauen und somit Zuschauerzahlen und finanzielle Einnahmen zurückgehen würden (vgl. Waldfogel 2009: 158). Auch die illegale Verbreitung ihres urheberrechtlich geschützten Materials auf Videoplattformen stellt eine kommerzielle Gefahr für die Produzenten dar. Auf der anderen Seite sind Videos, die auf Videoplattformen und in sozialen Netzwerken millionenfach angesehen und geteilt werden, gleichzeitig kostenlose Werbung für Sender und Sendungen. Die Inhalte erreichen ein Zweitpublikum, das ansonsten möglicherweise nicht damit in Kontakt gekommen wäre.

Ohne eine erkennbare langfristige und entschlossene Strategie, wie mit der Videodistribution im Internet umzugehen sei, begannen die US-Sender *ABC* und *NBC* 2005 damit, Folgen einiger ihrer populärsten Serien im *Apple iTunes Store* zum Kauf anzubieten (vgl. ebd.: 159). Ab Mai 2006 bot ABC auf der sendereigenen Website ausgewählte Folgen von vier seiner Serien als kostenfreien Stream an, unter denen sich zum Beispiel *Lost* und *Desperate Housewives* befanden – ein Jahr später waren es bereits 20 Serien (vgl. ebd.: 158f.).

Betrachtet man die Videodistribution im Internet, so ist eine Unterscheidung der Plattformen nach senderintern oder senderextern sowie kostenfrei und kostenpflichtig vorzunehmen. Senderinterne Plattformen – zum Beispiel interaktive und multimediale Webseiten oder Mediatheken – wurden von den Fernsehstationen vermehrt als Reaktion auf die aufkommende Beliebtheit YouTubes genutzt (vgl. Waldfogel 2008: 158). Das multimediale Onlineangebot mit Inhalten, die über die im TV ausgestrahlten hinaus gehen, wie etwa Fotos, Interviews oder Behind-the-Scenes-Clips, bietet Fans und Interessierten einen Mehrwert und bindet sie weiter an Sendungen und Sender (vgl. Lin & Cho 2010: 316; Ha & Chan-Olmsted 2004: 620; Jung & Walden 2015: 98).

In Deutschland startete das Zweite Deutsche Fernsehen (ZDF) 2001 als erster Sender mit der *ZDFmediathek* ein Online-Angebot, und nach mehrfachen Weiterentwicklungen gehören seit 2013 neben der Video-on-Demand-Funktion auch eine Second Screen-Option sowie ein Internet-Livestream dazu, der das parallel gesendete Fernsehprogramm überträgt (vgl. Göbel 2013: o. S.). Dabei können in der ZDFmediathek sowohl Sendungen in voller Länge als auch kurze Clips aufgerufen werden, die meist einzelne Segmente der Sendungen sind. Manche Programme werden bereits vor ihrer linearen Ausstrahlung im Fernsehen in der Mediathek veröffentlicht, wie beispielsweise das Neo Magazin Royale. Darüber hinaus betreiben die meisten öffentlich-rechtlichen Sender oder Sendungen eigene YouTube-Kanäle, auf denen die Clips aus den Programmen hochgeladen werden – Sendungen in ganzer Länge sind in der Regel aber nur in den sendereigenen Mediatheken zu finden. Gleiches gilt auch für die Mehrzahl der privat geführten Sender. Bereits 2010 hat das ZDF damit begonnen, Kooperationen mit YouTube einzugehen. „Die Sendung ‚Maybrit Illner' involviert die Zuschauer über YouTube ebenso wie die gemeinsame Plattform ‚Open Reichstag' und gibt den Nutzern die Chance, vielfältige Meinungen direkt in die Sendung einzubringen" (De Buhr & Tweraser 2010: 77).

Ein Beispiel der Videodistribution eines privaten Senders im Internet ist die Plattform *RTL NOW* des Senders *RTL Television* (*RTL*). Im Gegensatz zu den Mediatheken der öffentlich-rechtlichen Sender, die stets alle hochgeladenen Inhalte kosten- und werbefrei zugänglich machen, gibt es bei RTL NOW in Verbindung mit dem kostenlosen, werbefinanzierten Zugang auch Inhalte, die hinter einer Paywall abgeschottet sind. Gegen Bezahlung ist der Zugriff auf Inhalte in HD und werbefrei möglich sowie auf Inhalte, die älter als 30 Tage sind (vgl. Herold & Schulze 2010: 139). Etwa 80 Prozent des linearen TV-Programms von RTL werden in der 2007 eingeführten Mediathek veröffentlicht und sind so nach ihrer Ausstrahlung im Fernsehen online abrufbar (vgl. RTL NOW 2015: o. S.). „Ein Großteil der Besucher von RTL NOW (78%) nutzen diese Catch-up-Funktionen, um die verpasste Folge im TV online abzurufen" (Herold & Schulze 2010: 139).

Untereinander vergleichbare Daten, die Aufschluss über die Abrufzahlen der verschiedenen Mediatheken geben könnten, existieren bisher jedoch nicht. Einen ersten Anlauf hat die *Arbeitsgemeinschaft Fernsehforschung* 2014 für die Mediatheken von ARD, ZDF, RTL, ProSieben und Sat.1 unternommen, allerdings ohne realitätsnahe Aussagekraft. Die erhobenen Werte beschränken sich auf den Abruf von windowsbasierten Computern. Aufrufe, die über mobile Endgeräte wie Smartphones oder Tablets erfolgen, werden nicht berücksichtigt (vgl. Zubayr & Gerhard 2015: 112). Aktuelle Studien zeigen jedoch, dass etwa 66 Prozent der zehn- bis 18-jährigen Smartphonenutzer regelmäßig Videos auf ihrem Mobiltelefon anschauen und dass mit zunehmendem Alter der Trend zur Nutzung mobiler Geräte für den Internetzugang steigt (vgl. BITKOM 2014: 6, 14). Damit ist die repräsentative Aussagekraft einer solchen Datenerhebung mehr als zweifelhaft. Nichtsdestotrotz lässt sich die Entwicklung erkennen und bestätigen, dass „die Bedeutung des Internets für die Verbreitung professioneller audiovisueller Medien [...] steigen [wird], mit dem Trend zur nicht-linearen Nutzung und zum portablen und mobilen Empfang auf einer Vielzahl von Geräten" (Hege 2014: 11).

2.2.1 Paid Content und Video-on-Demand

Neben den kostenfreien und kostenpflichtigen Plattformen der Fernsehsender gibt es auch ein großes Angebot an externen Video-on-Demand-Diensten. Diese lassen sich anhand ihrer Finanzierungsmodelle unterscheiden, die entweder auf Kauf-, Abonnement- oder Leihbasis aufgebaut sind oder eine Kombination der Elemente anbieten. Den Nutzern steht ein großes Repertoire aus Filmen, TV-Serien und mittlerweile auch Eigenproduktionen zur Auswahl. Unter den kostenpflichtigen Services ist Apples iTunes Store der weltweit größte Anbieter. Die letzten Verkaufszahlen für Serien, die das Unternehmen publiziert hat, stammen aus dem Jahr 2008 und belegen den Verkauf von 200 Millionen TV-Sendungen innerhalb von drei Jahren (vgl. Apple 2008: o. S.). Aufgrund des permanent wachsenden Videoangebots, günstigerer Preise, exklusiven Zusatzmaterials und der Möglichkeit, Filme und Serien für 24 Stunden zu geringeren Kosten leihen zu können, dürften die Verkaufszahlen in den letzten Jahren seither exponentiell gestiegen sein. 2013 besitzt Apple im Video-on-Demand-Geschäft einen Marktanteil von etwa 65 Prozent (vgl. NPD Group 2013: o. S.). *Amazon Video* ermöglicht neben dem Kauf einzelner Inhalte auch den Zugriff auf sein Videoangebot im Abomodell. Mit der Flatrate, die alle zahlenden Vorzugskunden umsonst bei Abschluss der jährlichen Mitgliedschaft des Online-Versandhändlers bekommen, ist der Zugriff auf eine umfangreiche Bibliothek aus Fernsehserien und Filmen möglich. *Netflix*, nach eigenen Angaben „world's leading Internet television network" (Netflix 2015: o. S.), operiert ausschließlich im Abomodell und wird von mehr als 69 Millionen Kunden in mehr als 50 Ländern genutzt (vgl. ebd.). Aus einem ehemaligen DVD-Verleihunternehmen entstanden, offeriert der Streamingservice seit September 2014 auch deutschen Kunden gegen die monatliche Gebühr von 7,99 Euro Videoinhalte (vgl. Zubayr & Gerhard 2015: 110). Seit 2014 haben Amazon Video und Netflix des Weiteren damit angefangen, eigene Inhalte zu produzieren und exklusiv auf ihren Plattformen zu vermarkten. Dabei passen sie sich den Produktions- und Distributionslogiken des Internetzeitalters an – mehr dazu im Kapitel *4.3 Im Wandel: Medienprodukte und Produktionslogik.* Weitere kostenpflichtige Video-on-Demand-Angebote sind das in Amerika populäre *Hulu* oder in Deutschland das zur *ProSiebenSat.1 Media AG* gehörende *maxdome*, das zahlreiche Programme der Sendergruppe beinhaltet.

2.2.2 Free Content: YouTube

YouTube ist nicht irgendeine der zahlreichen kostenfreien Videoseiten im Internet – es ist *die* Videoplattform. Als Begriff steht YouTube sogar häufig allgemein synonym für Videos im Internet. Dabei vereint und verknüpft YouTube die Eigenschaften einer Website zum Videosharing, Elemente eines sozialen Netzwerks, Suchmaschinenfunktionen und Funktionen eines Werbe- und Marketingplatzes miteinander (vgl. Miles 2013: 5). Anders als die bisher betrachteten Videoangebote haben auf YouTube alle Nutzer die Möglichkeit, eigene Videos zu veröffentlichen. Von privaten Nutzern erstellte Inhalte, so genannter »Usergenerated Content«, machte im Jahr 2010 auf YouTube 79 Prozent des Videovolumens aus (vgl. Strangelove 2010: 10). Bereits zu diesem Zeitpunkt stellen Studien die Relevanz der Plattform fest, da „die Zielgruppe der 14- bis 19-Jährigen [...] in Deutschland zwei Stunden pro Woche auf YouTube [ist] – Tendenz steigend" (De Buhr & Tweraser 2010: 72 f.).

Nach der Gründung im Jahr 2005 und einer 1,65 Milliarden US-Dollar schweren Akquisition durch den Technologiekonzern Google ein Jahr später ist YouTube mittlerweile zu einem Global Player der Videobranche geworden. 2007 überschritt das erste Video auf der Plattform die Marke von 100 Millionen Aufrufen (vgl. Helft & Mansour 2013: o. S.), und mit mehr als zwei Milliarden Wiedergaben ist das Musikvideo zu »Gangnam Style« das meistgesehene Video im Internet (vgl. Benjamin 2014: o. S.).

In der Medienwirtschaft und -wissenschaft gehen die Meinungen über YouTube und Interpretationen seiner Funktion und Bedeutung weit auseinander und haben sich im Laufe der Zeit mehrmals gewandelt. Als einer der populärsten Kritiker der Plattform bezeichnete der britisch-amerikanische Autor Keen sie kurze Zeit nach ihrer Gründung abwertend als „an infinite gallery of amateur movies, showing poor fools dancing, singing, eating, washing, shopping, driving, cleaning, sleeping, or just staring into their computers" (Keen 2007: 5). Auch wenn Usergenerated Content den größten Teil des Videovolumens in Anspruch nimmt, belegten Studien bereits zur Anfangszeit, dass professionell erstelltes Material zu den beliebtesten Inhalten auf der Plattform gehört (vgl. Kruitbosch & Nack 2008: 7). Dabei handelte es sich allerdings fast ausschließlich um raubkopierte Film-, TV- und Musikinhalte, die Dritte unbefugt publizierten. Dadurch sah sich YouTube mit einer Vielzahl von Klagen professioneller Medienproduzenten konfrontiert – ähnlich wie die Musiksharingplattform *Napster* im Konflikt mit der Musikindustrie einige Jahre zuvor. Die meisten Klagen endeten jedoch nicht mit einem Gerichtsurteil. Viele Medienproduzenten – wie beispielsweise NBC – gingen mit YouTube strategische Partnerschaften ein, nachdem sie das werbetechnische Potential der Online-Videos für ihre Inhalte erkannten (vgl. Logan 2010: 183). Seitdem treibt Google die Professionalisierung YouTubes und seiner erfolgreichsten Creator – so nennen sie die Videoproduzenten auf der Plattform – kontinuierlich voran: 2007 wurde das so genannte *Partner Program* eingeführt, das reichweitenstarken Kanälen erlaubt, durch das Schalten von Werbung vor den oder während der Videos Einnahmen zu generieren (vgl. Miles 2013: 5). YouTube selbst erwirtschaftet den größten Teil seines Umsatzes als Vermittler zwischen Zuschauern beziehungsweise Zielgruppen und Werbetreibenden (vgl. Strangelove 2010: 6). War YouTube zu Beginn seiner Existenz noch vorrangig eine Online-Plattform für Inhalte seiner privaten Mitglieder, ohne selbst in der professionellen Bewegtbildproduktion und -industrie tätig zu sein, so sind die Tätigkeits- und Wirkungsbereiche mittlerweile breit gefächert. Seit 2007 richtet YouTube jährliche Filmfestivals aus und hat weltweit an verschiedenen Orten Produktionsstudios errichtet, an denen die Videokünstler der Plattform vom Unternehmen bei der Erstellung ihrer Inhalte unterstützt werden (vgl. Burgess & Green 2009: 23; YouTube 2015b: o. S.). Besonders beachtlich ist der exponentielle Anstieg von Videouploads auf YouTube innerhalb der letzten Jahre: Von 20 Stunden Videomaterial *pro Minute* im Jahr 2010 über 100 Stunden 2013 hin zu 300 Stunden pro Minute gegen Ende 2014 (vgl. De Buhr & Tweraser 2010: 77; Statista 2014: o. S.; Brouwer 2014: o. S.). Diese Zahlen veranschaulichen die ansonsten schier unvorstellbare Größe, Vielfalt und Bedeutung der Plattform. Durchschnittlich schauen etwa eine Milliarde Nutzer gegenwärtig circa fünf Stunden Videomaterial pro Monat (vgl. Statist 2015: o. S.). Nach eigenen Angaben erfolgt die Hälfte aller Aufrufe mit steigender Tendenz über Mobilgeräte (YouTube 2015b: o. S.).

Im Laufe der Zeit ist YouTube von einer Webseite, auf der in erster Linie private Videoclips veröffentlicht wurden, zu einem umfassenden Netzwerk und gleichermaßen zu einem Distributor professioneller Inhalte geworden. Entscheidend dafür war unter anderem die strategische Verschiebung des Fokus von der Distribution einzelner Hitvideos hin zum fernsehähnlicheren Kanalcharaker der Plattform (vgl. Helft & Mansour 2013: o. S.). Dadurch wurde YouTube nicht nur für Fernsehsender und Produzenten professioneller Inhalte im Allgemeinen attraktiv, sondern verhalf auch vielen YouTubern (wie die Betreiber eines YouTube-Kanals genannt werden) zu großen Reichweiten und einem hohen Bekanntheitsgrad. Einige YouTuber verfügen als Resultat dieser Entwicklung über größere Reichweiten als manche mittelgroße Fernsehsender oder einzelne Programme etablierter TV-Stationen (vgl. ebd.).

Aus Sicht der Fernsehsender lässt sich festhalten: „YouTube has become integral to the success of many TV shows as the place where they post clips, highlights, trailers, previews, recaps and other goodies that don't make their way directly into the show" (Moylan 2015: o. S.). Gleichzeitig verstärkt diese Professionalisierung den Reiz für die Nutzer der Plattform, der laut Strangelove und Burgess & Green in der Koexistenz von professionellen und amateurhaften, kommerziellen und privaten Inhalten besteht (vgl. Strangelove 2010: 7; Burgess & Green 2009: 4). Den Aufrufzahlen zufolge sind professionell produzierter Content und speziell Musikvideos die populärsten Inhalte (vgl. Kruitbosch & Nack 2008: 7). In den letzten Jahren hat YouTube mit der Kommerzialisierung seines Services aus Kundensicht begonnen (werbetechnisch existiert diese bereits seit einigen Jahren) und 2013 die Option eingeführt, „einzelne Kanäle hinter einer Paywall zu platzieren" (Kühl 2015: o. S.). Vor diesem Hintergrund ist YouTubes jüngste Entscheidung vom Oktober 2015 der nächste konsequente Schritt: Unter dem Namen *YouTube Red* bietet die Google-Tochter eine Art Premiumversion der Videoplattform für 9,99 US-Dollar im Monat an. Zum Leistungsumfang gehören neben dem Wegfall jeglicher Werbung auch die Möglichkeit, Videos für die Offline-Nutzung zu speichern, Zugriff auf die Musikservices *Google Play Music* sowie das neue *YouTube Music* und der Zugang zu exklusiven Inhalten der bekanntesten Videokünstler der Plattform (vgl. YouTube 2015c: o. S.).

In der Wissenschaft gehen die Meinungen über YouTubes Rolle als soziales Medium und Netzwerk auseinander, obgleich Burges & Green attestieren: „For YouTube, participatory culture is not a gimmick or a sideshow; it is absolutely core business" (Burgess & Green 2009: 6). Gleichzeitig halten sie fest, dass Architektur und Struktur der Plattform nicht gezielt die Zusammenarbeit der einzelnen Nutzer ermöglichen und mehr individuelle Teilnahme als gemeinsame Aktivitäten forcieren (vgl. ebd.: 63ff.). Demgegenüber stehen Funktionen, die wiederum soziale Netzwerke und soziale Interaktion auszeichnen, wie beispielsweise die Kommentar- und Bewertungsfunktionen, die Möglichkeit mit Videos auf andere Videos dialogisch zu antworten und ein privater Chat in Form eines E-Mail-ähnlichen Nachrichtenclienten. Somit scheint YouTube eine Zwitterrolle zwischen sozialen Netzwerken und neuartigem Broadcastmedium einzunehmen und sowohl professionelle Inhalte im Stile eines Massenmediums zu verbreiten als auch private, amateurhafte Videos einem potentiell großen öffentlichen Publikum zu präsentieren. Davon unabhängig ist zu vermerken, dass YouTube die Struktur der Videoproduktion und -distribution in der Mediengesellschaft grundlegend beeinflusst hat und – wie im Verlauf dieser Arbeit deutlich werden wird – allem Anschein nach auch zukünftig beeinflussen wird. Anknüpfend an die Diskussion um soziale Netzwerke und Medien wird im nächsten Kapitel deren Charakteristik und Rolle reflektiert.

3. Social Media

Was sind überhaupt *soziale* Medien? Marx und Engels definieren den Begriff »sozial« als eine Kooperation verschiedener Individuen, unabhängig unter welchen Bedingungen (vgl. Marx & Engels 1846: 50), während van Dijck exakt diese Beschreibung mit dem Wort »Partizipation« noch enger fasst (vgl. van Dijck 2013: 11). In Bezug auf soziale Medien sagt er, dass sie deshalb als sozial bezeichnet werden können, weil die Nutzer im Mittelpunkt stehen und sie gemeinschaftliche Aktivitäten ermöglichen (vgl. ebd.). Jenkins (2009: o. S.) fügt als ein weiteres Hauptmerkmal der sozialen Medien hinzu: „customers play an active role in 'spreading' content". Die inhaltliche und distributorische Einbindung der Nutzer in soziale Medien zeichnet demnach Social Media aus und unterscheidet sie grundlegend von den linearen und meist einseitig kommunizierenden Massenmedien. Den funktionellen Dualismus der sozialen Medien bringt Lüders treffend auf den Punkt: „Media forms such as email or weblogs are used for both mass communications and interpersonal communication" (Lüders 2007: 182).

Vergleicht man die meistgenutzten Webseiten im Jahr 2000 mit denen von 2013, fällt eine gravierende Verschiebung der Nutzungsgewohnheiten im Internet auf: Während 2000 hauptsächlich verschiedene Suchmaschinen wie *Yahoo*, *AOL*, *Altavista* oder die Auktionsplattform *ebay* stark frequentiert sind, sind es 13 Jahre später neben Google vor allem soziale Medien und Kommunikationsplattformen wie Facebook, YouTube, Twitter, LinkedIn oder der Online-Versandhändler Amazon (vgl. Fuchs 2014: 6). Dem Wandel der Internetnutzung liegt ein (technischer) Wandel des Internets selbst zugrunde. In diesem Zusammenhang wird die Entwicklung vom sogenannten »Web 1.0« zum »Web 2.0« angeführt. Der Ausdruck »Web 2.0« wurde 2005 von Tim O'Reilly, Gründer des Verlags *O'Reilly Media*, geprägt (vgl. ebd.: 32). Im Web 2.0 sieht er den Sprung vom Internet als einbahnstraßenähnliches Informationsmedium hin zur Plattform, die die Partizipation der Nutzer ermöglicht und benötigt (vgl. O'Reilly 2005: o. S.) und nicht mehr ausschließlich im Internetbrowser stattfindet, sondern auch in Internetanwendungen „that harness network effects to get better the more people use them" (O'Reilly 2006: o. S.). Als prägnantes Beispiel dafür gilt das soziale Netzwerk Facebook, dessen Mehrwert und Anziehungskraft in der Vielzahl seiner Nutzer liegt. Frei nach dem Motto: »Weil auf Facebook viele Personen sind, die ich kenne und mit denen ich kommunizieren möchte, werde auch ich Teil des Netzwerks«. Ein Netzwerk kann als soziales Netzwerk betitelt werden, wenn es folgende Merkmale aufweist:

> „SNSs [Social Newtorking Sites] are web-based platforms that inte-
> grate different media, information and communication technologies
> that allow at least the generation of profiles that display information
> describing the users, the display of connections (connection list), the
> establishment of connections between users displayed on their con-
> nection lists, and communication between users" (Fuchs 2014: 154).

Soziale Netzwerke wie Facebook und Twitter – die Gegenstand des nächsten Kapitels sind – spielen in der heutigen Mediengesellschaft eine große Rolle. Die Selbstdarstellung durch Textmitteilungen, Bilder und Videos im Internet ist wesentlicher Bestandteil der gegenwärtigen Jugendkultur (vgl. Richard 2009: 559). 72 Prozent der 16- bis 18-Jährigen in Deutschland teilen Inhalte im Internet, 52 Prozent teilen selbst gemachte Fotos und 31 Prozent Links zu Videos – damit sind diese beiden Inhalte die am meisten Geteilten in dieser Altersklasse (vgl. BITKOM 2014: 18). Wird die Altersspanne etwas weiter gefasst und betrachtet, welche Plattformen genutzt werden, so sind 56 Prozent der 10- bis 18-Jährigen auf Facebook aktiv, 18 Prozent auf Instagram und 8 Prozent auf Twitter (vgl. ebd.: 28).

Im Blick auf die kommerzielle Medienindustrie erfüllen soziale Medien zwei wesentliche Funktionen: Zum einen dienen die sozialen Plattformen als Kanäle zur Distribution von Inhalten und zum anderen als Kanäle zur Kommunikation und Interaktion mit den Nutzern (vgl. Schanke Sundet 2007: 87), zum Beispiel zu Werbe- oder Marktforschungszwecken oder als Ideen- und Feedbackpool für die Medienproduktion selbst.

3.1 Facebook und Twitter: Ein Überblick

Neben YouTube sind insbesondere Facebook und Twitter heutzutage zwei etablierte Internetgrößen unter den sozialen Netzwerken und fest in die Videodistribution und Unterhaltungsbranche eingebunden. Nach der Gründung im Jahr 2004 hat Facebook ein rasantes Wachstum hingelegt. Im August 2015 hat die Plattform erstmals die Grenze von einer Milliarde täglich aktiver Nutzer überschritten (vgl. Facebook 2015b: o. S.). Damit ist Facebook nach Nutzerzahlen das weltweit größte soziale Netzwerk. Der in den vorangegangenen Kapiteln bereits erwähnte Trend zur mobilen Mediennutzung und Kommunikation bestätigt sich auch bei Facebook: 844 Millionen der täglichen Nutzer haben im Juni 2015 über mobile Endgeräte auf den Service zugegriffen, was zu diesem Zeitpunkt etwa 87 Prozent der Nutzer entsprach (vgl. Facebook 2015a: o. S.).

2006 wurde der Mikroblogging-Dienst Twitter gegründet. Mikroblogs sind eine spezielle Form der im Internet populären Blogs und erlauben den Austausch kurzer Nachrichten mit anderen Nutzern, die dem Profil des Senders folgen (»Follower«) (vgl. Kaplan & Haenlein 2011: 106). Maximal 140 Zeichen können Nachrichten bei Twitter enthalten – sogenannte »Tweets« – und Grafiken, Animationen, Ortsdaten und Umfragemodule zum Inhalt der Kurzmittteilungen haben. Aktuell zählt Twitter 316 Millionen aktive Nutzer, von denen 80 Prozent über mobile Endgeräte auf die Plattform zugreifen und täglich etwa 500 Millionen Tweets versenden (vgl. Twitter 2015b: o. S.). Auf ihrer Webseite *Twitter for Television* (vgl. Twitter 2015a) wendet sich das kalifornische Unternehmen ausdrücklich an Fernsehsender und professionelle Medienproduzenten und zeigt die Möglichkeiten zur Zusammenarbeit zwischen den Parteien auf. Anhand von Beispielen stellt Twitter dar, wie der Mikroblogging-Dienst in die Distributions- und Interaktionsstrategien der Sender einbezogen werden kann. Etablierte wie neue Inhaltsproduzenten nutzen die sozialen Netzwerke zum einen zur Verbreitung ihrer Inhalte, die sie online auf internen und externen Videoplattformen bereitstellen und dorthin verlinken, und zum anderen, um Zuschauer aktiv in ihre Inhalte einzubinden. Programmhinweise und Zuschauerbeteiligung – zwei Faktoren, die Relevanz für ihre Inhalte erzeugen. Der digitale Dialog der Zuschauer über Videoinhalte, der zeitgleich oder anschließend an deren Konsum somit erstmals als bedeutendes mediales Phänomen stattfinden kann, wird unter vielen verschiedenen Bezeichnungen wie Cross Media, Social Viewing oder Second Screen untersucht. „Social television viewing is emerging a noteworthy phenomenon – the act of social networking while watching television" (Guo & Chan Olmsted 2015: 240). Dieser Thematik widmen sich die beiden folgenden Kapitel.

3.2 Cross-mediales Zuschauerverhalten

Das Aufkommen zahlreicher neuer Kommunikations- und Medienangebote, das bisher vorrangig von technologischer Seite aus betrachtet wurde, führt zu neuen Konsum- und Interaktionsgewohnheiten der Nutzer. Im Rahmen von Cross Media wird diese Situation in der Medienwissenschaft dabei sowohl von einer nach außen gerichteten Perspektive (die der Konsumenten und ihrer Nutzung verschiedener Medien) als auch von einer nach innen gerichteten Perspektive bedacht, die die Organisation der Medien selbst und ihren Umgang damit in Augenschein nimmt (vgl. Petersen 2007: 58).

Cross Media bedeutet aus dem Blickwinkel der Konsumenten den nahtlosen Wechsel und die Vermischung von traditionellen Massenmedien wie dem Fernsehen mit interpersonellen Medien wie sozialen Netzwerken (vgl. Haridakis & Hanson 2009: 318). Ein Film wird beispielsweise auf dem TV-Gerät begonnen, in der Mediathek weitergeschaut, auf YouTube Highlights oder Zusatzmaterial aufgerufen und parallel dazu auf Twitter oder Facebook kommentiert. Die Aufmerksamkeit gilt nicht mehr ausschließlich einem Medium und Kanal, sondern die Zuschauer betreiben ein durch Multitasking charakterisiertes Konsumverhalten. Sie werden im wahrsten Sinne zu Medienmigranten, und es stellt sich die Frage nach den Motivationen, die zu diesem Verhalten führen.

Videoplattformen wie YouTube sowie externe und sendereigene Mediatheken teilen die Eigenschaft mit dem Fernsehen, Systeme zum Konsum von Videoinhalten zu sein. Daher ist zu untersuchen, ob Nutzer Videoplattformen aus ähnlichen Gründen nutzen, wie vorangegangene Studien in puncto Nutzung und Wechsel klassischer Fernsehprogramme erforscht haben (vgl. Haridakis & Hanson 2009: 321). Hierfür bedient sich die Wissenschaft des *Uses & Gratifications-Ansatzes*, der voraussetzt, dass die Rezipienten sich zum gegebenen Zeitpunkt zielgerichtet für oder gegen ein spezielles Medium entscheiden. Ziel der Mediennutzung können dabei spezielle kognitive oder affektive Bedürfnisse sein, wie etwa Informationsbeschaffung, parasoziale Interaktion oder der Wunsch nach Unterhaltung (vgl. Lin 2002: 4). An dieser Stelle sei darauf hingewiesen, dass bereits die Grundannahme dieser Forschungsmethode, dass Konsumenten sich bewusst und souverän für oder gegen die spezifische Mediennutzung entscheiden, in der Wissenschaft nicht unumstritten ist (vgl. Jäckel 2003: 29). Da der Großteil wissenschaftlicher Studien auf dem Gebiet der Mediennutzungsforschung die Methode allerdings erfolgreich angewendet hat, wird in dieser Arbeit auf die Diskussion dieses Aspektes verzichtet.

Hanson & Haridakis stellen fest, dass Rezipienten YouTube-Videos aus den gleichen Gründen konsumieren wie Fernsehen – beispielsweise aufgrund des Bedürfnisses nach Unterhaltung oder Informationen. Darüber hinaus ist zusätzlich noch eine soziale/interagierende Komponente ein Faktor, den YouTube als soziales Medium mit Beteiligungsfunktion bietet (vgl. Hanson & Haridakis 2009: 317). Als Beweggrund für Nutzer, das Medium oder die Plattform zu wechseln, stellt sich ebenso der Befund bei Shade, Kornfield & Olivers Untersuchungen heraus, dass „the only motivation that concretely predicted migration was the desire for more content-congruent exposure" (Shade, Kornfield & Oliver 2015: 333). Passend dazu sagen im Rahmen einer ARD/ZDF-Onlinestudie

42 Prozent der zwölf- bis 29-Jährigen aus, dass sie auf Videoportalen finden, wonach sie suchen. Weitere 42 Prozent geben an, immer etwas zu finden, was ihrem Humor entspricht, und 35 Prozent sehen Videoportale im Internet als echte Alternative zum Fernsehen (vgl. Klinger et al. 2015: 204). Filme, Videos und Serien anzuschauen oder herunterzuladen, ist die am weitesten verbreitete Beschäftigung von Kindern und Jugendlichen im Internet – 75 Prozent gehen dem regelmäßig nach (vgl. BITKOM 2014: 15). Diese Zahlen stützen die zuvor genannten Erkenntnisse zu den Gründen cross-medialen Zuschauerverhaltens somit auch für den deutschen Markt.

Betrachtet man die nach innen gerichtete Perspektive von Cross Media – die der Organisation und des Umgangs der Inhaltsproduzenten damit – rückt der Aspekt der Konsumenten- und Zuschauerbindung in den Fokus. Cross-mediale Kommunikation bedeutet dabei die Streuung eines Inhaltes über verschiedene Medien und Kanäle (vgl. Petersen 2007: 58; Jenkins 2006: 95f.) – dabei kann es sich sowohl um eine komplette Sendung als auch um einen einzelnen Erzählstrang oder inhaltlichen Aspekt handeln. Dadurch können bestimmte Zielgruppen über einzelne Medien punktgenau angesprochen und möglicherweise involviert und eine zügigere Marktdurchdringung erreicht werden, als durch die Kommunikation auf nur einem Kanal (vgl. Blum 2010: 7; Beisswenger 2010: 32).

3.2.1 #Social Viewing

Infolge ihrer zunehmenden cross-medialen Konsumgewohnheiten und ihrer aktiven Auseinandersetzung mit den Inhalten in Form von Kommentaren, Bewertungen und dialogischen Antworten auf das Gesehene, werden die Rezipienten auch als „Social-Television Audience" (Nagy & Midha 2014: 449) bezeichnet. Während oder nachdem Zuschauer Videoinhalte konsumieren, äußern sie sich auf den für sie relevanten Plattformen wie Facebook oder Twitter, kommentieren Sendungen, Nachrichten und Werbung.

In der Unterhaltungsbranche haben einige populäre US-amerikanische Serien wie beispielsweise *Suits (USA Network)*, *Scandal* (ABC) oder die Reality-Castingshow *America's Got Talent* (NBC) die Zuschauer über auf die Folgen zugeschnittene Hashtags (#) dazu aufgerufen, sich in den sozialen Netzwerken zur Handlung oder zum Votingprozess zu äußern. Ähnlich gehen in Deutschland exemplarisch die Sendungen GRIP – Das Motormagazin (RTL II) und Das Neo Magazin Royale (ZDF/ZDFneo) vor und integrieren die Zuschauer durch sendungsspezifische oder segmentbezogene Hashtags. Eine Reintegration der von den Zuschauern online beigetragenen Äußerungen in die Inhalte der nächsten

Sendung(en) ist dabei in letzter Zeit mehr und mehr zu beobachten. Bei GRIP teilen die Zuschauer dem Sender auf Facebook mit, was bei einem neuen Auto getestet werden soll. Der Moderator liest die Beiträge in der Sendung vor und baut den Beitrag darauf auf. Im Neo Magazin Royale kommentiert Moderator Jan Böhmermann Kommentare über ihn und die Sendung von Facebook, Twitter und YouTube. Die beiden genannten Beispiele werden in Kapitel 7. *Analyse von Praxisbeispielen* ausführlicher analysiert.

Zwei weitere Beispiele der US-amerikanischen Medienlandschaft unterstreichen Social Viewing und die Interaktion der Zuschauer mit den Inhalten als relevantes Phänomen: Die Fernsehserie Scandal hat die Premiere ihrer dritten Staffel auf Twitter beworben, indem Zuschauer vor Beginn der Sendung mit dem Hashtag »#AskScandal« mit den Schauspielern der Serie chatten konnten. Darüber hinaus wurde auf Scandals Twitterkanal Zusatzmaterial zur bevorstehenden Folge publiziert. Insgesamt wurde die beworbene Episode mit etwa 700.000 Tweets stärker diskutiert als alle Folgen der Serie zuvor, und die Sendung erreichte mit 10,5 Millionen Zuschauern bei der Erstausstrahlung ihre beste Quote (vgl. Twitter 2015c: o. S.). Erstmals aktiv in den Verlauf einer Reality-Livesendung hat America's Got Talent die Zuschauer im Juli 2013 eingebunden. Über Twitter konnten die Zuschauer für ihren Favoriten in der Talentshow stimmen, und der Kandidat mit den meisten Stimmen wurde automatisch in die nächste Runde der Castingshow gewählt (vgl. Twitter 2015d: o. S.).

Die teilnehmenden Zuschauer sind durch die Möglichkeit, sich zu Medienangeboten öffentlich zu äußern und auf sie Einfluss zu nehmen, stärker am Programm beteiligt, was ein gesteigertes Interesse an den Sendungen und eine stärkere Verbundenheit mit ihnen zur Folge hat (vgl. Nagy & Midha 2014: 448). Dabei beeinflussen sich die Zuschauer auf sozialen Netzwerken auch gegenseitig in ihren Meinungen und möglichen Handlungen. Durch die Analyse von vier Millionen Tweets über insgesamt 105 Filme hat eine Studie zur Auswirkung der auf Twitter publizierten Meinungen über Kinofilme herausgefunden, dass die Äußerungen auf der Plattform über einen neuen Film Auswirkungen auf die Zahl der Besucher am Premierenwochenende haben – insbesondere wenn die Äußerungen negativer Art sind (vgl. Henning-Thurau et al. 2014: 375). Die neuen technischen Kommunikations- und Interaktionsmöglichkeiten des Internets haben starken Einfluss auf die Konsumgewohnheiten der Zuschauer und auf die Medienproduktion der Bewegtbildindustrie. Beide Seiten – Rezipienten und Produzenten – beeinflussen sich in diesem Prozess gegenseitig und sind eng miteinander verbunden. Auch wenn diese Arbeit den Fokus besonders auf die

Seite der Medienproduktion legt, ist es erforderlich, beide Seiten der Gleichung in den Blick zu nehmen und zu untersuchen, um ein vollständiges und korrektes Abbild der Thematik zu gewinnen. Etablierte Strukturen der Videobranche brechen auf und Rezipienten wie Produzenten finden sich in neuen Rollen und Situationen mit neuen Erwartungen, Möglichkeiten und Zielen wieder.

4. Die neuen Rollen der Rezipienten und Produzenten

Bereits im Jahr 2006 erkennt Jenkins erste Veränderungen in der Rolle der Rezipienten für die Medienproduktion und beschreibt sie mit den Worten „Fans have always been early adapters of new media technologies; their fascination with fictional universes often inspires new forms of cultural production, ranging from costumes to fanzines and, now, digital cinema" (Jenkins 2006: 131). Weitere Wissenschaftler sehen dies ähnlich und bescheinigen den Zuschauern eine aktive Teilnahme in der Medienvermarktungskette (vgl. Hanson & Haridakis 2008: 1) oder weisen gar auf die zunehmend schwieriger werdende Trennung von Rezipient und Produzent hin, da jeder Empfänger auch ein potentieller Sender ist – beispielsweise durch den Videoupload auf YouTube (vgl. Marek 2013: 45). „Prosumer" nennt Beisswenger (2010: 20) diese Doppelrolle als Konsument und Produzent.

An dieser Stelle soll noch einmal auf den im vorangegangenen Kapitel verwendeten Begriff der „Social-Television Audience" (Nagy & Midha 2014: 449) Bezug genommen und eine Neudeutung für den Rahmen dieser Arbeit geleistet werden. Den Ausdruck »Social Television Audience« halte ich für zu eng gefasst; denn obgleich die Zuschauer in sozialen Medien mit dem im Fernsehen Gezeigten interagieren, tun sie dies ebenso mit Inhalten, die sie im Internet auf Videoplattformen aufrufen. Ob es sich dabei um Videos, die dem linearen Fernsehen entnommen sind, oder Clips, die exklusiv auf YouTube zu finden sind, handelt, ist hierbei von untergeordneter Bedeutung – könnte aber in weiteren Forschungen dezidiert untersucht werden. Aus meiner Sicht wäre der Begriff »Social Audience« treffender, da er sich nicht mehr auf ein einzelnes Medium beschränkt. Aber auch diese Bezeichnung ist nicht optimal. Sie ist zu unpräzise, denn Zuschauen an sich ist bereits eine soziale Handlung und wird daher durch den Zusatz »social« inhaltlich nicht adäquat erweitert. In einer vorherigen Arbeit bin ich bereits auf den Rollenwandel der Zuschauer eingegangen und habe dafür den Begriff des digitalen »Mitschauers« gefunden, der die aktive Rolle anstelle des rein passiven Zuschauens zum Ausdruck bringen soll (vgl. Fachner 2015: 10). Selbstverständlich gibt es den klassischen passiven Zuschauer nach wie vor, er ist jedoch nur noch ein Typus des Oberbegriffs Zuschauer, der um die oben genannten neuen Arten der Zuschauer erweitert wird.

Entscheidend für die Unterscheidung von vorrangigen Produzenten zu vorrangigen Rezipienten ist bei der Vermischung beider Gruppen insbesondere das Kriterium, dass professionelle Produzenten strategisch handeln und damit bestimmte Ziele verfolgen, wie etwa Reichweite oder kommerziellen Nutzen (vgl. Marek 2013: 47). Aufseiten der klassischen Medien, wie dem Fernsehen, gibt es etablierte Produzenten und Produktionsstrukturen aus Zeiten des linearen Fernsehens, deren Inhalte neben dem TV mittlerweile auch im Internet veröffentlicht werden. Obgleich Beruf und Werdegang in dieser Branche noch überwiegend den alten Mustern entsprechen – etwa über berufliche Qualifizierungen wie Ausbildung und Studium – verändert sich der Prozess der Medienproduktion in Inhalt und Struktur zurzeit stark. Hinzu kommt eine neue Art von Videoproduzenten, die im Internet und insbesondere auf YouTube ihren Ursprung haben. Einige der YouTuber oder Creator – wie YouTube selbst sie nennt – genießen vorrangig im Internet große Bekanntheit, während andere den Sprung von den neuen in die klassischen Medien vollzogen haben und wieder andere auf beiden aktiv sind.

4.1 Etablierte Produzenten und neue Creator

Einige mittlerweile etablierte Produzenten und Stars der traditionellen Medienszene haben ihren Ursprung auf YouTube oder konnten dort ihre Bekanntheit beachtlich steigern. Der amerikanische Moderator John Oliver und seine wöchentliche TV-Satiresendung *Last Week Tonight With John Oliver* sind zum Beispiel dadurch national wie international bekannt geworden, dass Clips aus der ersten Staffel der Sendung sowie Olivers früheres Engagement in anderen Sendungen auf YouTube veröffentlicht wurden (vgl. Moylan 2015: o. S.). Die Sendung läuft auf dem amerikanischen Pay-TV-Sender *HBO*. Deren Videodistribution im Internet habe ich bereits in einer vorangegangenen Arbeit untersucht (vgl. Fachner 2015). Ein traditioneller deutscher TV-Produzent, der ebenfalls erfolgreich im Internet agiert, ist die *btf GmbH* – die Produktionsfirma hinter dem Neo Magazin Royale. Einige Clips aus der Sendung haben auf YouTube eine deutlich größere Reichweite als im linearen Fernsehen mit den Sendeterminen donnerstags um 01:00 Uhr auf ZDFneo und freitags um 00:00 Uhr im Hauptprogramm des ZDFs. Das sogenannte *#varoufake-Video* aus der Sendung hat auf YouTube 3,1 Millionen Aufrufe und der Musik-Mashup *Eine deutsche Rapgeschichte* 1,9 Millionen Klicks (vgl. Neo Magazin Royale 2015a, 2015b: o. S.). Diese beiden Beispiele verdeutlichen: Die aus dem Unterhaltungsgeschäft im Fernsehen etablierten und erprobten Videoproduzenten sind häufig mit ihren professionell erstellten Inhalten auch im Internet erfolgreich. Ihre redaktionelle Erfahrung und Umsetzung auf produktionstechnisch aufwendigem und professionellem Niveau – kurzum: ihre Ressourcen jeglicher Art – ermöglichen ihnen, ein Zweitpublikum jenseits des linearen Fernsehens anzusprechen und aufzubauen und millionenfach wiedergegebene virale Hit-Videos zu produzieren.

Der Weg vieler heute erfolgreicher YouTuber hast sich jedoch gegensätzlich dazu gestaltet: Wie Interviews mit amerikanischen YouTubern von Lange (2009: 38) zeigen, war ein wesentlicher Beweggrund, mit der Videoproduktion anzufangen, häufig Neugier und Freude daran. Erst mit zunehmender Reichweite begannen die YouTuber nach und nach mit der Professionalisierung. Der Weg über sukzessive Professionalisierung und »Learning by Doing« ist eine häufig zu findende Entwicklung unter den gegenwärtigen YouTube-Stars. Das bestätigen auch die Aussagen und Karrieren der YouTuber, die für diese Arbeit interviewt wurden (vgl. *7.2 YouTube*).

YouTubes Slogan „Broadcast Yourself" ist Sinnbild für den Medientrend der Selbstmitteilung und -darstellung im Internet, insbesondere in Form von Videos. Der Trend nimmt mit der Verbreitung YouTubes zu und wird von einigen Wissenschaftlern sogar als tiefergreifendes kulturelles Phänomen angesehen. Die „self-broadcasting culture" (Prøitz 2007: 211) kommt durch Textmitteilungen, Bilder, Podcasts und Videos in sozialen Netzwerken, auf Blogs oder privaten Webseiten zum Ausdruck. Für solche Videos hat van Dijck (2007: 4) die Bezeichnung »Homecasting« geprägt, die auf eine Videoproduktionskultur „oriented around 'snippets' or the three to six minute fragmentary videos that are commonly found on YouTube" (Lange 2014: 19) abstellt und das Schema »Einleitung, Hauptteil, Schluss« professioneller Videoproduktionen imitiert (vgl. van Dijck 2007: 13). Marek (2013: 18) stellt treffend fest: „Damit aber geraten die Videoclips im Internet in ein Spannungsfeld zwischen Selbstdarstellung, vermeintlicher Authentizität und einer Ökonomie der Aufmerksamkeit". Viele YouTuber verlieren mit zunehmender Professionalisierung und zunehmendem Erfolg logischerweise ihren Amateurcharakter und planen und produzieren Videos nicht mehr ausschließlich »nach Lust und Laune«, sondern haben zusätzliche Beweggründe wie ihre Bekanntheitssteigerung, Likes oder kommerzielle Aspekte. Videos zu erstellen nimmt einen Großteil ihrer Zeit ein. Die Tätigkeit als YouTuber wird somit zur Nebentätigkeit oder zum Beruf. Das hat Auswirkungen auf die Authentizität des Videoproduzenten, die besonders für das YouTube-Publikum einen hohen Stellenwert einzunehmen scheint, wie das Beispiel um *lonelygirl15* aus den frühen Tagen der Videoplattform demonstriert. »Echt oder gescripted?« Nicht die Inhalte, sondern die Frage der Authentizität des auf dem vermeintlich *eigenen* Kanal gezeigten Mädchens wurde zur eigentlichen Frage und Geschichte, bis sich herausstellte, dass die Vlogs (tagebuchähnliche Videobeiträge) gescripted, die Rolle von einer Schauspielerin gespielt wurde und das Projekt das Experiment eines Drehbuchautors war (vgl. Keen 2007: 78). Insbesondere in Bezug auf die online populäre Videoform der Vlogs ist der Aspekt der unauthentischen Authentizität (vgl. Burgess & Green 2009: 29) interessant. Es stellen sich Fragen wie: Was bedeutet »Authentizität« in den Medien und vor der Kamera? Kann es sie im Medienproduktionsprozess überhaupt geben? Diese Überlegungen in einem angemessenen Umfang anzugehen, würde den Rahmen dieser Arbeit übersteigen. Darüber hinaus scheint die Frage nach Authentizität auf YouTube seit dessen offensichtlicher und zunehmend kommerzieller Durchdringung in den letzten Jahren eine untergeordnete Rolle in öffentlichen Debatten zu spielen.

4.1.1 Videoformate online: Vlogs und Let's Plays

Zusätzlich zu den Inhalten der etablierten Produzenten klassischer Massenmedien erfreuen sich im Internet weitere spezifische Videoformate und -ästhetiken großer Beliebtheit. Auf diese soll nun näher eingegangen werden. Populär sind bestimmte Formen des User-generated Contents, die sich nach und nach professionalisieren und als eigene Kategorien herausbilden. Dabei handelt es sich beispielsweise um sogenannte »Mashup Videos«, »Vlogs« (Videotagebücher) und »Let's Plays« (kommentierte Mitschnitte von Videospielen). Unter User-generated Content werden „audiovisual videos that are created by ordinary creators who produce content that is publicity available and has not been previously distributed on other media platforms" (Simonsen 2013: 49) verstanden. Pioniere der Vlogging-Szene waren zu Beginn meist ehemalige oder hauptberufliche Produzenten der klassischen Medien, die das Internet nutzten, um ihre eigenen Inhalte und Standpunkte ohne Einfluss und Zensur von übergeschalteten geschäftlichen oder editorialen Instanzen publizieren zu können (vgl. Lange 2009: 55). In Vlogs werden den Zuschauern Bereiche des alltäglichen Lebens mit einer eigenen, amateurhafteren und unbearbeitet wirkenden Ästhetik präsentiert, die zuvor nicht zwingend medial mit der Öffentlichkeit geteilt wurden. YouTube wird mit Vlogs zu einer Anlaufstelle, um am Leben anderer teilzuhaben und somit sinnbildlich zum Wohnzimmer der Welt (vgl. Strangelove 2013: 62f., 82). Bekannte YouTube-Vlogger (Betreiber eines Vlogs) sind im englischsprachigen Raum der Brite *FunForLouis* (1,6 Millionen Abonnenten) oder der amerikanische Filmemacher *CaseyNeistat* (1,5 Millionen Abonnenten). Beide haben die Struktur sowie die konkrete mediengestalterische Umsetzung von Vlogs maßgeblich kreiert und geprägt. In Deutschland betreiben die über die Gamingszene bekannt gewordenen *Dner* (2,3 Millionen Abonnenten) und *unge* (1,4 Millionen

Abonennten) reichweitenstarke Vlogs. Alle vier Vlogger veröffentlichen täglich neue Videos auf ihren YouTube-Kanälen.

Vlogs und Let's Play-Videos folgen einer eigenen inhaltlichen und gestalterischen Logik, die in der Literatur als »Vernacular Creativity« diskutiert wird, und haben für ihre Unterhaltung mit YouTube eine Distributions- und Interaktionsplattform jenseits der Massenmedien gefunden (vgl. Soukup 2014: 16). Vernacular Creativity meint dabei die mediale Aufbereitung von alltäglichen Praktiken und Handlungen durch Amateure (im Gegensatz zu den klassischen Medienprofis) in Form einer neuen kreativen Gestaltung als kulturelles Medienphänomen (vgl. Burgess 2007: III, 26; Light et al. 2012: 344).

Eine weitere Form dieser neuen Produktionspraxis ist die Verbreitung von Computerspielinhalten durch (kommentierte) Videos. Computerspiele sind in den letzten Jahren sehr beliebt geworden. Computerspiele zu spielen ist zu einem bedeutenden gesellschaftlichen und kulturellen Phänomen geworden, insbesondere unter Kindern, Jugendlichen und jungen Erwachsenen (vgl. Juul 2009: 9; Wimmer 2013: 9). 93 Prozent aller Zehn- bis 18-Jährigen in Deutschland spielen Computer- und Videospiele (vgl. BITKOM 2014: 35), was das ausgeprägte Interesse dieser Zielgruppe an computerspielbezogenen Videoinhalten erklärt, das hauptsächlich auf YouTube bedient wird. Let's Plays sind „dokumentarische Mitschnitte von Spielprozessen [...], die von den Spielenden selber im laufenden [Spielprozess] kommentiert werden. Die Kommentierung erfolgt dabei in der Regel spontan, spiegelt das emotionale Spielerlebnis wider und wirkt oft belustigend" (Witting 2013: 182f.). Die YouTuber, die für diese Arbeit interviewt wurden, sind alle im Bereich der Let's Play- und Vlogging-Videos aktiv. Die Reichweiten ihrer Kanäle mit einer halben Million bis knapp über einer Million Abonnenten bestätigen die Beliebtheit dieser Form der Unterhaltung. Dazu gehören Rewinside (1,2 Millionen Abonnenten), Paluten (1,1 Millionen) und Sturmwaffel (560.000 Abonnenten), die als Praxisbeispiele in Kapitel *7.2 YouTube* Auskunft zu ihrer Tätigkeit und Arbeitsweise geben.

4.2 Im Wandel: Medienprodukte und Produktionslogik

Medienproduktion und ihre Wertschöpfung kann nach Kiefer (2001: 160), Heinrich (2002: 117) und Fröhlich (2010: 119) in drei Ebenen unterteilt werden: Input und Produktion, die publizistische Ebene sowie die Multiplikations- und Distributionsebene. Wie bereits in den vorangegangenen Kapiteln aufgezeigt, haben Digitalisierung, Medienkonvergenz und die Verbreitung des Internets erheblichen Einfluss auf jede einzelne dieser Ebenen und ihre Eigenschaften im

Wertschöpfungsprozess der Medienbranche. Doch welche Auswirkungen sind das *genau* und wie und an welchen Stellen zeigt sich der Wandel?

In allen Bereichen der Medienproduktion und -distribution gewinnen die Zuschauer an Bedeutung. Teilweise werden sie sogar zum entscheidenden Dreh- und Angelpunkt. In puncto Input und Produktion von Videoinhalten etwa werden die Zuschauer aus ihrer ehemals ausschließlich passiven Rolle als Beobachter nun zu Ideengebern, Gestaltern oder zum Gegenstand der Unterhaltung selbst. Besonders und zuerst auf YouTube ist diese Veränderung zu erkennen. Die interviewten YouTuber gaben alle an, bei der Gestaltung ihrer Videos auf Anregungen, Kritik und Feedback ihrer Zuschauer einzugehen, und sagten aus, dass diese einen tatsächlichen Einfluss auf die Produktion und Gestaltung der Videos haben (vgl. Anhang 1: Z. 25f., 91ff.; Anhang 2: Z. 88ff.; Anhang 3: Z. 86ff.). Es handelt sich beim kommunikativen Austausch in den Kommentarsektionen unter YouTube-Videos demnach um *richtige* soziale Interaktionen – und nicht um quasi-soziale, wie sie für die klassischen Massenmedien typisch sind –, da die Produzenten tatsächlich auf die Äußerungen der Zuschauer eingehen, teilweise direkt antworten oder in zukünftigen Videos darauf Bezug nehmen. Zuschauer sind „definitiv" (Anhang 1: Z. 91; Anhang 2: Z. 88) Ideengeber für Inhalte, bestätigen Rewinside und Paluten. Sturmwaffel bezeichnet die Interaktion zwischen den Zuschauern und ihm als Produzenten als ein Hand-in-Hand-Gehen bei der Erstellung neuer Inhalte (vgl. Anhang 3: Z. 86). Außerdem ist es zur gängigen Praxis geworden, die sozialen Medien – allen voran Twitter – in die Inhaltsproduktion auf YouTube einzubinden. Das von vielen YouTubern produzierte Format »Twitterfragen« ist nach dem Prinzip aufgebaut, die Zuschauer im Vorhinein Fragen auf Twitter unter einem bestimmten Hashtag stellen zu lassen und diese dann in einem Video auszuwählen und zu beantworten (vgl. Anhang 2: Z. 79ff.). Es gibt noch zahlreiche weitere Beispiele dieser Art, die sich großer Popularität auf YouTube erfreuen. Beispiele sind *Das Ultratalent* von Rewinside, bei dem Zuschauer ihre Talente präsentieren und der YouTuber als Juror auftritt, oder die monatlichen *Best Of*-Zusammenschnitte auf Sturmwaffels Kanal, die Zuschauer für ihn anfertigen, ihm schicken und die er hochlädt und zum Kanal des Erstellers verlinkt (vgl. Rewinside 2015b; Sturmwaffel 2015b).

Dieses Phänomen des *Content Crowdsourcing*, wie ich es nenne, geht aktuell von seinem Ursprungsort YouTube auch auf klassische Medien wie Fernsehen und Film über: GRIP – Das Motormagazin, ein deutsches Fernsehmagazin rund um das Thema Automobil, veröffentlicht seine Beiträge neben der linearen Ausstrahlung auf RTL II auch auf dem sendereigenen YouTube-Kanal. Neuerdings ist die seit 2007 bestehende Sendung dazu übergegangen, Zuschauer als gestaltendes Element des Programms teilnehmen zu lassen. Für einen Filmbeitrag zum Test des neuen Volvo XC90 bat GRIP die Zuschauer, Fragen und konkrete Testvorschläge für das Auto auf Facebook zu posten. Diese wurden anschließend vom Moderator ausgewählt, namentlich genannt und durchgeführt (vgl. GRIP 2015a). Ebenso geht die satirische Late-Night-Show Neo Magazin Royale in einem Abschnitt der Sendung auf Kommentare über die Show und den Moderator Jan Böhmermann ein. Böhmermann antwortet auf die in den sozialen Medien veröffentlichten, meist beleidigenden und negativen Aussagen und Fragen, dialogisch und macht daraus die »Kommentare-kommentieren-Show« (vgl. ZDFneo 2014). In einem weiteren Format der Sendung namens »PRISM is a dancer« werden die Social-Media-Profile von Publikumsgästen zum Inhalt des Segments, indem sie in einer Art Kultur- und Medienkritik zur Schau gestellt, analysiert und kommentiert werden (vgl. Neo Magazin Royale 2015c).

Einen anderen Ansatz, um Zuschauer in die Input- und Produktionsphase von Videounterhaltung einzubeziehen, hat Amazon mit seiner hauseigenen Produktionsfirma *Amazon Studios* gewählt. Amazon hat auf die steigende Streamingnutzung seiner Kunden reagiert und insgesamt 16 Piloten zu neuen möglichen Serien in Auftrag gegeben. Dafür investierte das Unternehmen allein im dritten Quartal 2014 ein Budget von 100 Millionen US-Dollar in Planung und Produktion (vgl. Spangler 2014: o. S.). Über diese Piloten konnten alle Amazon-Prime-Kunden abstimmen und sie bewerten. Die beliebtesten Konzepte wurden dann als Staffel in Produktion gegeben (vgl. Amazon 2013: o. S.). Die Vorhersage, „dass sich [...] beim Bewegtbild ein Hoheitsverlust vollziehen wird – weg vom Produzenten, hin zum Nutzer" (Graf 2010: 41) bewahrheitet sich zunehmend. Zwar verliert der Produzent nicht endgültig an Hoheit und wird auch nicht zum reinen Dienstleister umfunktioniert, aber die aktive Beteiligung und Bedeutung der Zuschauer nimmt signifikant zu. Die Vorteile des Content-Crowdsourcing für Produzenten und Sender liegen auf der Hand: Ein geringerer Produktionsaufwand bei gleichzeitiger Einbindung der Zuschauer, die das Zielgruppeninteresse sichert und die Abnehmerschaft potenziell vergrößert. Die aktive Zuschauerpartizipation und die damit einhergehende Anerkennung und Wertschätzung der Rezipienten als relevanter Gruppe legt folgende Annahme nahe: Die emotionale Bindung der Zuschauer an den Moderator, Creator, die Sendung oder die Marke steigt zusätzlich; die Zuschauer werden mehr und mehr zu Fans. Diese These müsste allerdings in medienpsychologischen Studien noch näher untersucht und wissenschaftlich bestätigt werden.

Auf publizistischer Ebene zeigt sich der Wandel der Medienprodukte und ihrer Produktionslogik ebenfalls. Diese Ebene der Medienproduktion beinhaltet die „Kombination der Inhalte zu einem marktfähigen Medienobjekt" (Fröhlich 2010: 119). Marktfähig sind in der Unterhaltungsbranche gegenwärtig vor allem kurzweilige und authentische Videoinhalte. Zunehmend löst sich die Linearität von Formaten auf und, den Konsumgewohnheiten der Internetnutzer folgend, werden Videoformate als „Häppchen-Medien" (Graf 2010: 42) produziert. Sendungen werden vermehrt in einzelnen Clips geplant und produziert, die sich optimal für die Online-Veröffentlichung und -vermarktung nutzen lassen. „Wichtig wird nicht in erster Linie sein, was qualitativ gut ist, sondern was für das eigene Netzwerk neu, cool, hip ist. Authentizität ist alles – und das gilt für Produzenten genauso wie für Geschichten und Sender" (ebd.). Obwohl diese Aussage im Großen und Ganzen als zutreffend zu erachten ist, ist der Aspekt der Zweitrangigkeit von Qualität nicht widerspruchslos haltbar. Die populärsten Inhalte im Internet sind professionell produziert. Auch wenn Unterhaltungswert und Abwechslung nach Aussage der interviewten YouTuber das wichtigste Kriterium für guten Content und Kanäle sind (vgl. Anhang 1: Z. 46ff., Anhang 2: Z. 38ff.; Anhang 3: Z. 37ff.), so ist der qualitative Aspekt dennoch von Bedeutung. Audio- und Videoqualität sollten bestimmten Mindeststandards entsprechen, wie etwa einer Videoauflösung von „mindestens 720p" (Anhang 2: Z. 41) oder „dass das Video nicht komplett verwackelt oder verpixelt ist oder dass man denjenigen versteht. Audioqualität finde ich extrem wichtig" (Anhang 1: Z. 49ff.), sagt Rewinside. Authentizität als wichtige Eigenschaft unterstreichen alle drei YouTuber (vgl. Anhang 1: Z. 34f.; Anhang 2: Z. 20ff.; Anhang 3: Z. 27ff.), auch wenn etwas unklar bleibt, was genau mit Authentizität denn gemeint ist und ob sie vor der Kamera überhaupt möglich ist. Rewinside und Sturmwaffel umschreiben Authentizität in der Unterhaltungsbranche damit, dass man sich „auf YouTube nicht verstellen [sollte] und der Mensch sein, der man auch tatsächlich ist" (Anhang 1: Z. 34f.) „Authentizität spielt auf YouTube tatsächlich mit eine der größten Rollen" (Anhang 3: Z. 27) und damit grenze man sich vom Fernsehen ab. Beide gestehen dennoch ein, dass sie trotz aller proklamierten Authentizität in eine „Aufnahmementalität" (Anhang 1: Z. 36) schlüpfen, wenn sie ihre Videos aufnehmen, damit sie energiegeladen, witzig und unterhaltsam sind (vgl. Anhang 3: 30ff.).

In puncto Distribution von Videos kann beobachtet werden, dass soziale Netzwerke sowohl für Inhalte klassischer Medien im Internet als auch für Videos von YouTubern zentrale Verbreitungselemente und Aufmerksamkeitsmultiplikatoren sind (vgl. *3.1 Facebook und Twitter: Ein Überblick*; Anhang 1: Z. 84ff.; Anhang 2: Z. 69f.; Anhang 3: Z. 80). Auf YouTube ist der regelmäßige Upload neuer Inhalte für die Abonnenten wichtig (vgl. Anhang 2: Z. 44), und viele YouTuber veröffentlichen mehrmals täglich neue Videos. Oft haben sie dafür feste Zeiten auf ihrem Kanal etabliert, wie etwa morgens und am frühen Abend – angelehnt an das Schema des klassischen Fernsehens mit festen und erwartbaren Sendezeiten. Burgess & Green (2009: 24) stellen dazu fest: „[An] ongoing status as a 'star' YouTuber can only be achieved by ongoing participation *in* YouTube".

Im Video-on-Demand-Geschäft bedeuten Programmplanung und -distribution mittlerweile „attraktive Programmpakete zu bestimmten Sendungen zusammenzustellen" (Koch-Gombert 2010: 191) und den Konsumenten vorstrukturierte Angebote zu machen (vgl. Jäckel 2003: 39f.).

5. Medienökonomie

Medien sind in unserer Gesellschaft ein Geschäft. Ein Geschäft, das auch nach monetären Gesichtspunkten für die Besitzer und Betreiber erfolgreich sein muss und Gewinn zu erwirtschaften hat. Sich diese Tatsache explizit vor Augen zu führen und stets implizit im Hinterkopf zu behalten, ist bei der Analyse der Medienindustrie und ihrer Strukturen wichtig. Häufig neigt man dazu, die Aspekte der Medienökonomie nicht bewusst wahrzunehmen. Besonders im Fall von YouTube mit seiner Communityrhetorik, dem partizipatorischen Charakter und der empfundenen Authentizität der Videos und ihrer Urheber trifft dies zu. Aber auch YouTube ist ein Unternehmen. Professionelle YouTuber sind in gewisser Weise selbstständige Unternehmer, private Fernsehsender und Streamingdienste sind es ohnehin. Darum sei noch einmal betont: Medienproduktion ist auch im Internet ein Geschäft, das den Logiken und wirtschaftlichen Zwängen der Ökonomie folgt. Aus diesem Grund ist die Analyse der Medienökonomie und ihrer gegenwärtigen Veränderungen unerlässlich.

Im Internet sind sogenannte Special-Interest-Angebote, also Inhalte, die eine abgegrenztere Zielgruppe ansprechen, wie etwa die Let's-Play-Formate, einfacher rentabel zu produzieren als in den klassischen Massenmedien (vgl. Seufert 2004: 67). Geringere Produktionskosten und ein meist stark involviertes Publikum ermöglichen eine Finanzierung über den Verkauf (beispielsweise von Merchandise-Produkten) oder indirekt über zielgruppengerechte Werbung (vgl. ebd.). Werbung als Finanzierungsmodell für kostenfreie Inhalte ist im Internet weit verbreitet und akzeptiert, denn das Internet wird von vielen Nutzern noch immer als „,Umsonst'-Medium" (Wagner 2010: 164) wahrgenommen. Dennoch – oder vielleicht gerade deswegen – ist die Ökonomie des Internets keine rein monetäre, sondern auch eine Ökonomie der Aufmerksamkeit. Tauschmittel und Ware sind die Aufmerksamkeit und das Engagement der Zuschauer, sei es auf Twitter, Facebook, Instagram, YouTube oder bei anderen Streamingdienstleistern. Das Angebot an Videounterhaltung ist riesig, der Zugriff auf sie einfach und, wenn überhaupt, dann nur mit geringen Kosten belegt und der Wechsel zwischen den verschiedenen Angeboten problemlos und schnell möglich. Hinzu kommt die stetig stark wachsende Menge an neuem Content – die Zeit, die den Menschen zum Konsumieren zur Verfügung steht, bleibt jedoch gleich. So ist es „die Aufmerksamkeit des Verbrauchers, die wirklich rar ist" (Graf 2010: 42) und die die Werbung mit neuen Formen wie Sponsoring, Product Placement und Branded Content für sich gewinnen will. Bei diesen Werbeformen werden die editorialen Inhalte mit der Werbung verknüpft und wirken bei den Zuschauern mehr als Unterhaltung als Reklame.

Im YouTube-Universum gewinnt das Abonnement, das „dem Anbieter der medialen Leistung im Voraus die Abnehmerschaft [sichert]" (Köcher 2004: 219), an Bedeutung, wenn auch mit dem feinen Unterschied, dass es die Abnehmerschaft nicht mehr sichert, sondern höchstens wahrscheinlicher macht. Der Klick auf ein Video ist dadurch, dass der Zuschauer einen Kanal abonniert hat, noch längst nicht garantiert, da er für das Produkt nichts zahlen musste. Um einen Anhaltspunkt für das aktuelle Verhältnis von Abonnenten zu durchschnittlichen Videoaufrufzahlen auf YouTube zu erhalten, habe ich die Aufrufzahlen der letzten zehn Videos eines Kanals, die älter als eine Woche sind, addiert und die Summe durch zehn dividiert. Die so ermittelten durchschnittlichen Views pro Video wurden anschließend durch die Anzahl der Abonnenten geteilt. Somit ergibt sich zwar kein repräsentativer Wert (da nicht ermittelt werden kann, wie viele der Views tatsächlich von Abonnenten oder Nicht-Abonnenten stammen), aber es ist immerhin möglich, einen ersten Anhaltswert zu bekommen, um das Verhältnis von Abonnenten zu Videoaufrufen zu analysieren.

YouTube-Kanal	ø Views/Video	Abonnenten	Verhältnis
Rewinside	311.069	1.173.049	0,2651 | 26,5 %
Paluten	280.045	1.113.861	0,2514 | 25,1 %
Sturmwaffel	101.599	559.374	0,1695 | 17,0 %
Neo Magazin Royale	64.613	127.479	0,5068 | 50,7 %
GRIP – Das Motormagazin	174.308	449.334	0,3879 | 38,8 %

Abbildung 1: Verhältnis von Abonnenten zu Videoaufrufen auf YouTube. Stand: 08.11.2015

Quellen: YouTube-Kanäle der Analysierten, siehe Literaturverzeichnis: YouTube-Kanäle

Die Ergebnisse dieser Stichprobe zeigen, dass die YouTuber zwar tendenziell mehr Aufrufe pro Video erzielen, aber im Verhältnis von Aufrufen zu Abonnentenzahlen die Angebote der Fernsehsendungen höhere Werte erreichen. Bei den Fernsehsendungen ist das Verhältnis von Abonnenten zu Views zwischen 38,8 und 50,7 Prozent, während es bei den YouTubern zwischen 17,0 und 26,5 Prozent liegt. Die Fernsehsendungen scheinen demnach auf YouTube eine besonders treue Zuschauerschaft zu haben, was insbesondere für Videoinhalte kommerzieller Produzenten wie GRIP ein werbetechnisches Potenzial darstellt. Trotz des schwächeren Abonnenten/Aufrufe-Verhältnisses der YouTuber haben diese in der Aufmerksamkeitsökonomie des Internets durch ihre hohen Abonnementenzahlen bedeutende Vorteile: Ihre Abonnenten werden über neue Videos der YouTuber benachrichtigt. Die Videos erscheinen bei den Abonnenten häufig auf der Startseite der Videoplattform, sodass die Inhalte unmittelbar bei Besuch der Plattform wahrgenommen werden können. Hierdurch steigert sich wiederum die Wahrscheinlichkeit, dass die Abonnenten die Videos anklicken und anschauen.

5.1 Finanzierung von Videoproduktion und Produzenten

Verschiedene Anbieter und Produzenten finanzieren die Produktion und Distribution ihrer Medien mit unterschiedlichen Modellen. So gibt es die Variante, zu einem bestimmten Betrag einen einzelnen Film, eine Folge oder Staffel käuflich zum Download oder Streaming zu erwerben oder für einen gewissen Zeitraum zu leihen. Apple verfolgt diese Strategie mit dem iTunes Store. Je nach Art des Produkts (Serie oder Film), Qualität (SD oder HD) und Art des Erwerbs (kaufen oder leihen) variieren die Preise für einzelne Serienfolgen zwischen 0,99 Euro und 2,99 Euro und für Filme zwischen 0,99 Euro und 19,99 Euro. Amazon verfolgt ebenfalls dieses Modell mit gleichen Unterteilungskriterien zum Verkauf von Filmen und Serien, bietet darüber hinaus aber noch eine Streamingflatrate im Abomodell an. Die jährliche Mitgliedschaft für *Amazon Instant Video* kostet 49 Euro und erlaubt den unbegrenzten Zugriff auf die umfangreiche Videothek des Unternehmens. Die meisten Video-on-Demand-Dienstleister operieren nach einem monatlichen Abomodell zu vergleichbaren Preisen, wie etwa Netflix (7,99 Euro), Watchever (8,99 Euro) oder Maxdome (7,99 Euro).

Während die öffentlich-rechtlichen Fernsehsender in Deutschland zusätzlich zu ihren Werbeeinnahmen maßgeblich über den verpflichtenden Rundfunkbeitrag finanziert werden, generieren die privaten Sender ihre Einnahmen fast ausschließlich über den Verkauf ihrer Werbekapazitäten. Das gilt sowohl für das lineare Angebot als auch für das im Internet, mit dem Unterschied, dass online zusätzlich kostenpflichtige Premiumzugänge für die sendereigenen Mediatheken angeboten werden – siehe hierzu Kapitel *2.2.1 Paid Content und Video-on-Demand.* Bei Unterhaltungsformaten wird oftmals auch mit Produktplatzierungen und Sponsoring gearbeitet, durch die Produzenten weitere Einnahmen erzielen können. Wie die Finanzierung von Medienproduktion und Produzenten auf YouTube funktioniert, wird im folgenden Kapitel näher betrachtet.

5.1.1 Werbung, Branded Content und Produktplatzierungen

Ein entscheidender Vorteil, den Werbung im Internet und insbesondere auf YouTube gegenüber dem Fernsehen besitzt, ist die genauere Segmentierung der Rezipienten. Werbung im Massenmedium Fernsehen erreicht zwar viele Menschen, geht aber immer mit einem hohen Streuverlust einher, da die Werbebotschaft auch viele Zuschauer erreicht, die nicht die Zielgruppe sind. „Der Tauschwert der medialen Leistung wird bestimmt über die durch den [...] Werbekunden empfundene Brauchbarkeit zur Herbeiführung eines gewollten Erfolges" (Köcher 2004: 212). Für Jugendliche ist die Werbebotschaft einer Haftcreme für Zahnprothesen beispielsweise nicht relevant. Sie sehen sie dennoch wie alle anderen Fernsehzuschauer zum Zeitpunkt der Ausstrahlung. In diesem Fall stehen die Ausgaben des Werbenden zur Verbreitung seiner Botschaft keinem Nutzen gegenüber. Auch wenn Werbung dem Fernsehprogramm und dessen Zielgruppe angepasst werden kann, so bietet das Internet die Möglichkeit, Werbebotschaften noch entscheidend zielgruppenspezifischer auszusenden. Unter Berücksichtigung des Nutzungsverhaltens und der Interessen eines Rezipienten können gezielt Personen mit einem potenziell höheren Interesse an der Werbebotschaft adressiert werden. Das macht Videoangebote im Internet zu einem vielversprechenden und effizienten Umfeld für Werbung.

YouTube empfiehlt seinen Kanalbetreibern daher, ihre Videos auf der Plattform zu monetarisieren, was bedeutet, „dass Google verfügbare Werbeflächen auf deinem Kanal an [...] Werbetreibende verkauft" (YouTube 2015d: o. S.). Alle drei von mir interviewten YouTuber gaben an, ihre Videos zu monetarisieren und dadurch Werbeeinnahmen zu erzielen (vgl. Anhang 1: Z. 111; Anhang 2: Z. 94; Anhang 3: Z. 101). In den Vorgesprächen zu den Interviews wiesen sie allerdings darauf hin, dass sie über die genaue Höhe der Werbeeinnahmen keine Auskunft geben dürfen, da YouTube dies vertraglich untersagt. Werbekapazität und -einnahmen werden von Google auf der gesamten Plattform im Tausenderkontaktpreis berechnet (vgl. YouTube 2015d: o. S.). Vier verschiedene Typen von Werbeanzeigen können unterschieden werden: Werbespots, die vor oder während des Videos laufen – also das Video verzögern oder unterbrechen –, werden »In-Stream-Anzeigen« oder »TrueView In-Stream-Anzeigen« genannt. Im Gegensatz zu In-Stream-Anzeigen können TrueView In-Stream-Anzeigen nach fünf Sekunden vom Zuschauer durch den Klick auf einen entsprechenden Button übersprungen werden. Sogenannte »In-Video-Anzeigen« sind transparente Overlays, die Text und Links enthalten und während des Videos am unteren Bildschirmrand eingeblendet werden. Als vierten Werbetyp gibt es »Displayanzeigen«, also gewöhnliche Bannerwerbung, die neben oder unter dem Video eingeblendet wird und Grafiken und Animationen enthalten kann. Um eigene Videos monetarisieren zu können, verlangt YouTube vom Publizisten des Videos, dass er „alle erforderlichen Rechte zur kommerziellen Nutzung des gesamten Bild- und Audiomaterials besitzen [muss]“ (YouTube 2015e: o. S.) oder alle Elemente des Videos selbst erstellt haben muss (vgl. ebd.). Alle diese Werbeformen auf YouTube werden von Google selbst verwaltet und abgerechnet. YouTuber registrieren sich lediglich zur Monetarisierung ihrer Inhalte und haben danach keinen weiteren Einfluss auf den Prozess. Dafür erhält der YouTuber nur 55 Prozent der aus der Werbung resultierenden Erlöse, und 45 Prozent gehen an YouTube (vgl. Gugel 2014: 23).

Eine andere Form der Werbung, in die YouTube als Instanz nicht direkt involviert ist, sind Produktplatzierungen und Branded-Content-Videos. Als Produktplatzierung gilt, wenn „ein Werbetreibender für die ausdrückliche Erwähnung seines Produkts oder seiner Marke im redaktionellen Teil des Videos bezahlt oder [...] andere, nicht monetäre, Vorteile oder Anreize bereitstellt“ (YouTube 2015f: o. S.). Branded Content sind Inhalte, die für oder in Kooperation mit den Werbenden erstellt werden, wie zum Beispiel die »#wireinander-Kampagne« der *Techniker Krankenkasse*, für die berühmte YouTuber wie unge und Dner Videos erstellt haben (vgl. unge 2015a; Dner 2015a). Viele hauptberufliche YouTuber arbeiten mit Produktplatzierungen und Branded Content. Wie bei derartiger Schleichwerbung im Fernsehen kennzeichnen auch sie solche Inhalte. Zusätzlich zu einer Einblendung zu Beginn des Videos und der Kennzeichnung durch ein »P« am oberen Bildrand weisen die YouTuber in der Beschreibung des Videos darauf hin oder versehen Inhalte in den sozialen Medien mit »#sponsored« (vgl. Anhang 1: Z. 116ff.; Anhang 2: Z. 99ff.; Anhang 3: Z. 107ff.). Interessant ist in diesem Zusammenhang das Verhältnis der von den YouTubern proklamierten Authentizität ihrer Videos zu dem kommerziellen Aspekt der Werbung. Rewinside, Paluten und Sturmwaffel stimmen in ihren Aussagen darüber überein, dass sie zu viel Branded Content und Produktplatzierungen als Gefahr für ihre Authentizität und ihr Ansehen in der Community einschätzen (vgl. Anhang 1: Z. 38ff.; Anhang 2: Z. 107ff.; Anhang 3: Z. 122f.). Sturmwaffel sagt, dass aus seiner Sicht viele große Firmen noch nicht verstanden haben, wie Branded Content auf YouTube am besten zu praktizieren sei und „dass der beste Branded Content der ist, der zwar das Produkt beinhaltet, aber wo dem Künstler ein freier Rahmen für das Video geschaffen wird“ (Anhang 3: Z. 130ff.). Aus Sicht der Produzenten sollen die derart beworbenen Produkte und Marken zum YouTuber und dessen Inhalten passen und inhaltlich stimmig und kreativ in die Videos eingebunden werden (vgl. Anhang 1: Z. 127f.; Anhang 3: Z. 113ff.).

6. Multi-Channel-Networks

Multi-Channel-Networks sind eine gegenwärtige Neuerscheinung unter den Medienunternehmen. Sie bündeln YouTube-Kanäle, deren Inhalte sowie vom Netzwerk (ko)produzierte Inhalte, um „gemeinsame Ziele am Markt und gegenüber YouTube [zu] verfolgen" (Gugel 2014: 20). In ihrer Funktion sind sie somit der Arbeitsweise von Fernsehsendern ähnlich (vgl. ebd.). Viele der haupt- und nebenberuflichen YouTuber sind mittlerweile Mitglied eines solchen Netzwerks. Welche Vorteile der Zusammenschluss zu Multi-Channel-Networks für Inhaltsproduzenten, Betreiber der Netzwerke und Werbetreibende bietet und welche Funktionen sie für die beteiligten Parteien erfüllen, wird in diesem Kapitel näher erläutert. Dazu wird im Anschluss an einen Überblick über die verschiedenen Netzwerke und ihre Entwicklung der Frage nachgegangen, ob sie als Bindeglied zwischen den alten, klassischen Medienproduzenten und den neuen Onlinemedien dienen.

6.1 Übersicht und Entwicklung

Eine vollständige Übersicht über alle Multi-Channel-Networks, ihre Betätigungsfelder und Leistungen gibt es leider nicht. Darüber hinaus ist die Anzahl wissenschaftlicher Betrachtungen und Untersuchungen dieses schnelllebigen Marktes sehr gering, was die transparente und ganzheitliche Analyse erschwert.

Um einen ersten Überblick über die Akteure im Multi-Channel-Network-Geschäft zu gewinnen, bietet sich die Betrachtung nach geographischen Betätigungsfeldern und nach Art der Netzwerke an. Zu den weltweit aktiven Multi-Channel-Networks, die oftmals mit einem Fokus auf den US-amerikanischen Markt arbeiten, gehören *AwesomenessTV*, *Fullscreen*, *BroadbandTV* und *Maker Studios*. Nach Anzahl der im Netzwerk befindlichen Kanäle und monatlichen Videoaufrufe auf YouTube sind sie die vier größten (vgl. Gugel 2014: 25, 27). Europaweit sind *DiviMove* und *Mediakraft* aktiv, die beide ihren Fokus auf dem deutschen Markt haben. *Studio71*, *TubeOne*, *IDG Germany* und *Endemol beyond* sind Netzwerke in Deutschland.

Eine Kategorisierung der Multi-Channel-Networks nach ihrer Organisationsform zeigt, dass die häufigste Art von Netzwerken die des Vollprogramm-Netzwerks ist. „Vollprogramm-Netzwerke decken nahezu alle [...] Funktionen und Leistungen am Markt ab" (ebd.: 24), von Planung, über Produktion bis zur Vermarktung. Zu den Vollprogramm-Netzwerken zählen AwesomenessTV, Fullscreen, Maker Studios, Divimove, Mediakraft, Studio71 und TubeOne. Spezialisierte Nischen-Netzwerke können vom Leistungsumfang das Gleiche wie ein Vollprogramm-Netzwerk anbieten, konzentrieren sich dabei aber auf ein bestimmtes Genre (vgl. Gugel 2014: 26), wie etwa IDG Germany auf das Gaming-genre. Eine weitere Form der Multi-Channel-Networks sind die sogenannten Dienstleistungsnetzwerke, die sich dem Namen nach „als Dienstleister von Produzenten, Marken oder YouTubern verstehen, indem sie Tools und Services für diese bereitstellen, aber keine eigene Vermarktung vornehmen und auch nicht aktiv in die Produktion [...] einsteigen" (ebd.: 27). Beispiele sind BroadbandTV oder *ZEFR*, die sich auf die Verbreitung und Vermarktung von professionellen Musik- und Filmproduktionen spezialisiert haben. Im Gegensatz zu den Vollprogramm-Netzwerken, die meist über 1000 Kanäle zusammenschließen, beschränken sich Netzwerke mit Talentenfokus auf eine geringere Anzahl von YouTubern, mit denen sie mit dem Ziel eng zusammenarbeiten, die YouTuber zu entwickeln und als Marke aufzubauen (vgl. ebd.). Dazu gehört zum Beispiel Endemol beyond.

Als Begründer der Multi-Channel-Netzwerke im Internet gilt das amerikanische *Next New Networks*, dass nach seiner Gründung im Jahr 2007 damit begonnen hatte, YouTube-Kanäle und deren Creator unter seinem Dach zu bündeln. Mittlerweile ist das Next New Networks in YouTube eingegliedert und hat gemäß dem proklamierten Ziel, ein Online-TV-Netzwerk aufzubauen, über 20 weitere Netzwerke gegründet (vgl. Next New Networks 2015: o. S.). Gegenwärtig sind viele der einst unabhängig errichteten Netzwerke von den klassischen Medienproduzenten aufgekauft oder teilübernommen worden. Als erste große Übernahme gilt der Kauf von AwesomenessTV im Mai 2013 durch *DreamWorks Animation* für insgesamt 164 Millionen US-Dollar (vgl. Cioletti 2014: 136). Dafür erhielt DreamWorks Animation Zugriff auf die zu der Zeit knapp 90.000 YouTube-Kanäle mit insgesamt 48 Millionen Abonnenten und 4,9 Milliarden monatlichen Videoaufrufen. Ähnlich ist es bei Maker Studios, die im März 2014 für 500 Millionen US-Dollar von *Walt Disney* akquiriert wurden und mit ihren 55.000 Kanälen mehr als 380 Millionen Abonnenten bei 5,5 Milliarden monatlichen Videoaufrufen erreichen (vgl. ebd.: 138). Anstatt die Multi-Channel-Networks wie in diesen beiden Fällen komplett zu übernehmen, gründen die klassischen Medienkonzerne mittlerweile eigene Netzwerke oder beteiligen sich an ihnen. Studio71 ist eine 100-prozentige Tochter der *ProSiebenSat.1 Media AG*, IDG Germany eine Gründung des Medienkonzerns *International Data Group*, und Endemol beyond gehört zu *Endemol* (vgl. Gugel 2014: 25ff.). Weiterhin hält der deutsche Werbekonzern *Ströer* Anteile an TubeOne, *Bertelsmann* an DiviMove und BroadbandTV und der amerikanische Kabelnetzbetreiber *Comcast* an Fullscreen (vgl. ebd.).

6.2 Funktionsweisen der Netzwerke

Multi-Channel-Networks sind ein entscheidender Eckpfeiler der Professionalisierung von YouTube. Durch sie werden die Strukturen der Videoplattform erstmalig erstellt oder neu geordnet und verschiedene Akteure und Interessen miteinander in Verbindung und Einklang gebracht. Sowohl in puncto Produktion von Inhalten als auch bei deren Distribution und Vermarktung spielen Netzwerke eine zunehmend zentrale Rolle. Dabei erfüllen sie neben ihrem Selbstzweck der medialen Reichweite und des Profits für die Parteien des Online-Video-Geschäfts – YouTuber, Werbetreibende und YouTube selbst – viele weitere Funktionen.

Aus Sicht von YouTubern sind die beiden wesentlichen Vorteile, die der Beitritt zu einem Netzwerk bietet, die Steigerung ihrer Reichweite sowie die Rechte- und Lizenzenklärung. Die Reichweitensteigerung, auch Audience Development genannt, erfolgt durch die Optimierung der Kanäle und Videos und durch die Vermittlung von Kollaborationen mit anderen YouTubern des Netzwerks (vgl. Gugel 2014: 21). Durch diese Form der Cross Promotion treten die YouTuber in den Videos anderer YouTuber auf und haben somit die Chance, deren Abonnenten auf sich aufmerksam zu machen und als Abonnenten zu gewinnen. Als maßgeblichen Grund zum Eintritt in ein Multi-Channel-Network geben die YouTuber Rewinside, Paluten und Sturmwaffel allerdings einstimmig die Rechte- und Lizenzenklärung an, die die Netzwerke für die YouTuber übernehmen (vgl. Anhang 1: Z. 149ff.; Anhang 2: Z. 125f.; Anhang 3: Z. 149). Im Fall wiederholter Urheberrechtsverletzung erteilt YouTube Verwarnungen (sogenannte »Strikes«) und kann den Account des betreffenden YouTubers zeitweise sperren oder löschen. Solche Verwarnungen fängt das Netzwerk für den YouTuber ab (vgl. Anhang 1: Z. 150f.) und kümmert sich um die Rechteklärung mit den Urhebern, im Fall von Let's-Play-Videos etwa mit den Spieleproduzenten. Darüber hinaus helfen Netzwerke ihren Mitgliedern unter kommerziellen Gesichtspunkten, wie bei der Vermarktung von Inhalten an Werbetreibende – etwa in Form von Produktplatzierungen oder Branded Content – oder engagieren sich für die Vermarktung der YouTuber an deren Abonnenten – beispielsweise durch den Verkauf von Merchandise (vgl. Gugel 2014: 21). Ebenso nimmt sich das Netzwerk der Monetarisierung der Videos an. Von den 55 Prozent der Werbeeinnahmen, die YouTube an den Kanalbetreiber oder in diesem Fall an das Netzwerk ausschüttet, ist es marktüblich, dass der YouTuber circa 25 Prozent erhält, während

30 Prozent beim Netzwerk verbleiben (vgl. ebd.: 23). Erlöse durch den Verkauf von Produktplatzierungen und Testimonials teilen Netzwerk und YouTuber individuell auf, ohne dass YouTube einen Anteil davon erhält. Als letzte Funktion für YouTuber unterstützen viele Netzwerke ihre Mitglieder bei der Planung und Produktion der Inhalte, wobei das Spektrum von der Bereitstellung von Studios, Personal oder Equipment bis hin zur Gesamtübernahme des Produktionsprozesses reichen kann.

Aus Sicht der Werbetreibenden bieten Multi-Channel-Networks den Vorteil, dass sie ihnen ein sicheres und zielgruppenabgestimmtes Werbeumfeld ermöglichen können (vgl. Gugel 2014: 22). Da Netzwerke häufig mehrere YouTuber eines bestimmten Genres betreuen, müssen Werbetreibende nicht mit vielen einzelnen Videokünstlern verhandeln, sondern haben das Netzwerk als zentralen Ansprech- und Verhandlungspartner. Da das Netzwerk seine YouTuber kennt, kann es Werbenden passende Vorschläge für Werbepartner machen und ihnen ein passendes Umfeld für ihre Werbung garantieren.

Für YouTube fungieren Netzwerke als eine Art Puffer und Manager, die den Kontakt mit den einzelnen größeren Videokünstlern pflegen und viele Fragen klären, wie beispielsweise die des Copyrights, die ansonsten YouTube bearbeiten müsste (vgl. ebd.). Des Weiteren sorgen Netzwerke durch die Weiterentwicklung und Unterstützung ihrer YouTuber für eine Qualitätssteigerung der Inhalte auf der Plattform. „Im Gegenzug räumt YouTube Netzwerken weitgehende Sonderrechte ein" (Gugel 2014: 22). Bereits Jenkins (2006: 3) und Strangelove (2010: 135f.) klagen an, dass professionellen, großen Dienstleistern und Firmen Vorteile durch YouTube gewährt werden. Diese Vorteile betreffen insbesondere die Aufmerksamkeitsökonomie und ihre Organisation und Verteilung auf der Plattform. Neue YouTube-Nutzer abonnieren in Deutschland automatisch einige Kanäle von Multi-Channel-Networks wie *Y-Titty* und *Gronkh*. Die auf der Startseite angezeigten Videos zeigen bei einer stichprobenartigen Erhebung bevorzugt Videos von Kanälen von Studio71 und Mediakraft (vgl. Gugel 2014: 29). YouTuber in Netzwerken haben somit entscheidende Vorteile im Kampf um Aufmerksamkeit auf YouTube gegenüber jenen ohne Netzwerk. Ergo: Netzwerke erlangen eine gatekeeper-ähnliche Funktion, und YouTuber ohne Netzwerk haben es deutlich schwerer auf der Plattform wahrgenommen zu werden und eine große Zuschauerschaft aufzubauen.

6.3 Netzwerke als Bindeglied zwischen TV und Online?

In Anbetracht der Investitionen klassischer Medienkonzerne und Fernsehsender in Multi-Channel-Networks oder der Gründung eigener Netzwerke liegt der Schluss nahe, dass diese für sie ein Bindeglied zwischen ihren bestehenden Medienangeboten und dem neuen Online-Videomarkt sind. Daraus resultierende Synergien bieten sowohl Vorteile für ihr Fernsehgeschäft als auch für die Medienproduktion auf YouTube und verhelfen den Medienkonzernen zu einer leichteren und effektiveren Erschließung der neuen Plattformen im Allgemeinen. „One way that established media institutions can achieve control over new media platforms is to make the new platforms their own by transferring well-known content categories and brands" (Schanke Sundet 2007: 107). Dies dürfte beispielsweise ein entscheidener Grund für Walt Disneys Übernahme der Maker Studios gewesen sein. Walt Disneys Geschäftsführer Robert Iger sagte dazu, „short-form online video is growing at an astonishing pace, and with Maker Studios, Disney will now be at the center of this dynamic industry with an unmatched combination of advanced technology and programming expertise and capabilities" (Cioletti 2014: 138). Den Organisationsstrukturen nach sind YouTube-Netzwerke nah an den Strukturen der Fernsehsender (vgl. Gugel 2014: 29), sodass diesen ein einfacher Einstieg in den Markt der Netzwerke möglich ist und sie ihre bestehenden Formate und Medienmarken – wie zum Beispiel Persönlichkeiten oder Sendungen – online ausbauen können. Über YouTube können die Sender Zielgruppen erreichen, die sie mit dem Fernsehen nicht ansprechen. Im Zuge der zunehmenden Verlagerung der Bewegtbildnutzung ins Internet (vgl. Kapitel *2.2 Videodistribution im Internet*) wird diese Gruppe unter den Jugendlichen immer größer. Da sie besonders werberelevant ist, ist es für die etablierten Medien unerlässlich, sie zu erreichen. Des Weiteren bietet die verhältnisweise kostengünstige Medienproduktion für das Internet die Chance, neue Formate und Talente mit geringem finanziellem Risiko auszuprobieren und weiterzuentwickeln und gleichzeitig Erfahrungswerte für den Aufbau erfolgreicher Produktionen im Internet zu gewinnen (vgl. Gugel 2014: 29f.). Diese Erkenntnisse und auf YouTube erfolgreichen Formate können in die linearen Unterhaltungsproduktionen im Fernsehen übertragen werden. Aus dem Netzwerk AwesomenessTV ist so beispielsweise die gleichnamige Fernsehserie auf *Nickelodeon* entstanden, die im Juli 2013 erstmals den Weg ins Fernsehen fand (vgl. Cioletti 2014: 138). YouTube-Star Dner, der bei Studio71 unter Vertrag ist, tritt auch häufiger bei Fernsehveranstaltungen des Mutterkonzerns ProSieben im Fernsehen auf, wie etwa bei der *TV total Stock Car Crash Challenge*. Für Pro-

Sieben hat dies den Vorteil, dass die Sendung für die Zielgruppe der YouTube-Abonnenten Dners interessanter und im Gegenzug der YouTuber in den klassischen Medien bekannter wird. Der YouTuber widerum kann möglicherweise neue Abonnenten hinzugewinnen und wird zugleich als personifizierte Marke weiter aufgebaut.

In Folge der beschriebenen Entwicklungen und Beispiele kann somit durchaus konstatiert werden, dass Multi-Channel-Networks mit ihren Verbindungen in die klassische und neue Medienwelt als Bindeglied fungieren und Synergien zum Vorteil der Aktivität in beiden Bereichen bieten.

7. Analyse von Praxisbeispielen

Im Verlauf dieser Arbeit wurden immer wieder verschiedene Praxisbeispiele der Medienproduktion und -distribution aus dem Fernsehen und Internet herangezogen und betrachtet. Einige davon werden nun einer genaueren Analyse unterzogen, auf der die anschließende Theoriebildung (siehe Kapitel *8. Transformation der Videobranche*) aufbaut. Dazu gehören die Sendungen Neo Magazin Royale mit Jan Böhmermann (ZDF/ZDFneo) und GRIP – Das Motormagazin (RTL II) sowie die YouTube-Kanäle von Rewinside, Paluten und Sturmwaffel und Produktionen des Multi-Channel-Networks Studio71.

7.1 TV

7.1.1 Neo Magazin Royale mit Jan Böhmermann

Das Neo Magazin Royale ist eine wöchentliche Late-Night-Show, die seit Oktober 2013 auf ZDFneo unter dem Namen »Neo Magazin« ausgestrahlt wurde und mit dem Wechsel der Sendung ins Hauptprogramm des ZDF im Februar 2015 unter dem gegenwärtigen Titel weitergeführt wird. Ausstrahlungstermin der Sendung ist donnerstags um 01:00 Uhr auf ZDFneo und freitags um 00:00 Uhr im ZDF. Neue Folgen werden bereits am Donnerstag vor der Erstausstrahlung in der ZDFmediathek veröffentlicht. Die Produktion und Distribution der Sendung sind stark an die zuvor beschriebenen aktuellen Entwicklungen und Gegebenheiten der Medienbranche angelehnt. Es handelt sich nicht mehr um eine Fernsehsendung im klassischen Sinne, die sich auf das lineare Massenmedium beschränkt.

Bei den inhaltlichen und gestalterischen Aspekten fällt ein starker Fokus auf das Internet, die Zuschauer – sowohl an- wie abwesend – und deren Einbindung in das Programm der Sendung auf: Während einige Segmente der Show sich auf das Internet, YouTuber oder die Internetkultur beziehen, beteiligen andere Elemente die Zuschauer und das Studiopublikum und betreiben eine Form des Content Crowdsourcing. Beim Segment »Digitales Quartett« werden YouTube-Chatverläufe in einer literarischen Diskussion unter vier Männern inszeniert, und im Segment »Viral oder Egal« schätzen geladene Studiogäste und Moderator Böhmermann die Klickzahlen ausgewählter YouTube-Videos als Spiel (vgl. Neo Magazin Royale 2015e, f). Im Format »PRISM is a dancer« werden die Social-Media-Profile der anwesenden Publikumsgäste in einer Art Kultur- und Medienkritik zur Schau gestellt, analysiert und kommentiert und damit zum Inhalt des Beitrags (vgl. Neo Magazin Royale 2015c). Auf Kommentare über die

Show oder den Moderator antwortet Böhmermann dialogisch im Segment »Kommentare-kommentieren« (vgl. ZDFneo 2014), das mittlerweile als »Web exclusive« unter dem Namen »Das Urteil« (vgl. Neo Magazin Royale 2015g) fortgeführt wird und ausschließlich auf YouTube aufrufbar ist. Darüber hinaus produziert das Neo Magazin Royale weitere Inhalte als Web exclusives wie »Das Orakel von Selfie«, bei dem von Zuschauern eingesendete Selbstporträts analysiert werden, oder das Format »#FAQjan«, bei dem Jan Böhmermann auf Fragen antwortet, die ihm via Social Media unter dem gleichnamigen Hashtag gestellt werden (vgl. ebd. 2015h, i). Zu jeder Sendung erstellt das Neo Magazin Royale einen »Hashtag der Woche«, unter dem die Zuschauer aufgerufen sind, sich in den sozialen Medien über die Sendung zu unterhalten.

Auf Twitter ist das Neo Magazin Royale aktiv vertreten und hat im Oktober 2015 beispielsweise 164 eigene Tweets veröffentlicht, hauptsächlich als Werbung für die eigene Sendung, Weiterführung der Themen aus der Sendung oder um auf andere Tweets dialogisch zu antworten (vgl. ebd. 2015j: o. S.). Mit den umgerechnet etwa 5,3 Tweets pro Tag – zuzüglichen Retweets anderer Beiträge – sowie der Aktivitäten von Moderator Böhmermann über seinen eigenen Account, ist ein reger und regelmäßiger Austausch zwischen den Produzenten der Sendung und den Zuschauern festzustellen. Nach einer eigenen Erhebung hat das Neo Magazin Royale in letzter Zeit exponentiell neue Follower hinzu gewinnen können: Vom Beitritt zur Plattform im April 2013 bis Juli 2015 hat die Sendung 56.000 Follower akquiriert (vgl. Fachner 2015: 12), von Juli 2015 bis November 2015 ist diese Zahl auf 83.000 angestiegen (vgl. Neo Magazin Royale 2015j: o. S.). Eine ähnliche Entwicklung zeigt sich mit dem YouTube-Kanal, der von 98.000 Abonnenten und 16 Millionen Videoaufrufen im Juli 2015 auf circa 128.000 Abonnenten und 26,4 Millionen Videoaufrufe im November 2015 gewachsen ist (vgl. Fachner 2015: 12; Neo Magazin Royale 2015d: o. S.).

Auf YouTube veröffentlicht das Neo Magazin Royale einen Großteil seiner Sendungen in Form von einzelnen Clips der Segmente und arrangiert diese sowohl in chronologischen als auch thematisch geordneten Playlisten. In voller Länge kann die Sendung online ausschließlich in der ZDFmediathek aufgerufen werden, worauf auf dem YouTube-Kanal hingewiesen und verlinkt wird. Da die Sendung eine Auftragsproduktion des öffentlich-rechtlichen Fernsehens ist, wird sie weder durch Werbung im Fernsehen oder online noch durch Produktplatzierungen finanziert. Alle veröffentlichen Inhalte sind ohne zusätzliche Kosten aufrufbar.

7.1.2 GRIP – Das Motormagazin

GRIP – Das Motormagazin ist ein seit 2007 wöchentlich auf RTL II um 18:00 Uhr ausgestrahltes Fernsehmagazin zum Thema Automobil, das von Focus TV produziert wird. Ein insgesamt sechsköpfiges Moderatorenteam führt durch die Sendung, in der Tests und Vergleiche von Autos und Motorrädern sowie Trivial- und Fachwissen über diese im Mittelpunkt stehen. Jede Folge besteht aus drei verschiedenen Teilen, von denen meist ein oder zwei auf dem YouTube-Kanal von GRIP veröffentlicht werden, während Sendungen in ganzer Länge online ausschließlich in der RTL II-Mediathek angeboten werden.

Unter inhaltlichen und gestalterischen Aspekten fällt die Integration der Zuschauer und des Internets in das Programm der Sendung auf – wenn auch nicht so stark wie beim Neo Magazin Royale. Die Anwendung des Content Crowdsourcing mit Hilfe des Internets zeigt sich beispielsweise im Filmbeitrag zum Test des Volvo XC90 im März 2015. GRIP rief seine Zuschauer via Social Media auf, Fragen und Testvorschläge für das Auto auf das Facebookprofil der Sendung zu posten, die dann im Filmbeitrag vom Moderator ausgewählt, namentlich genannt und durchgeführt wurden (vgl. GRIP – Das Motormagazin 2015a). Im Abschnitt »Zuschauer vs. Malmedie« tritt ein Zuschauer im Autorennen gegen den Moderator Matthias Malmedie an. Interessenten konnten sich dafür mit einem selbstgemachten Video bewerben, und die Zuschauer der Sendung kürten in einem Onlinevoting auf rtl2.de den Kandidaten (vgl. ebd. 2015c, d). In der Rubrik »Jens Kuck kommentiert Kommentare« geht der Moderator Jens Kuck seit Juni 2015 auf Zuschaueräußerungen via Social Media ein, die als Screenshots eingeblendet, vorgelesen und beantwortet werden (vgl. ebd. 2015e). Diese Elemente der Sendung werden, ebenso wie weitere Videos, die hinter die Kulissen beim Dreh der Sendung blicken lassen, als Web exclusives auf YouTube veröffentlicht. Darüber hinaus ist eine Auswahl der Segmente ebenfalls in thematischen Playlisten auf YouTube geordnet. Auf der Plattform konnte GRIP seit dem Beitritt im Juni 2013 etwa 450.000 Abonnenten und 135 Millionen Videoaufrufe gewinnen (vgl. ebd. 2015b).

Anstatt auf Twitter aktiv zu sein, pflegt die Sendung ein Facebook-Profil mit 955.000 Gefällt-mir-Angaben, das neben der Interaktion mit den Zuschauern vor allem für Sendungsankündigungen und Hightlights, Zusatzmaterial wie zum Beispiel Fotos sowie kurze Teaser-Videos genutzt wird (vgl. ebd. 2015f). Diese meist 30-sekündigen Clips dienen als Werbung und Programmhinweise für die Sendung. Sowohl vom Facebook-Profil als auch vom YouTube-Kanal aus findet eine Verlinkung zur Mediathek von RTL II statt, auf der alle Teile der Sendung sowie ganze Folgen der Sendung zu finden sind (vgl. RTL II 2015: o. S.). Insgesamt stehen 301 Episoden kostenfrei zur Verfügung, die, ähnlich wie im linearen Programm des Privatsenders, von Werbung begleitet werden. Vor jedem Videobeitrag sind zwei Werbespots geschaltet, und alle sieben Minuten wird die Wiedergabe für drei 30-sekündige Spots unterbrochen.

7.2 YouTube

7.2.1 Vorstellung der YouTuber und methodisches Vorgehen zur Datenerhebung

Die wissenschaftliche Datenlage zur gegenwärtigen Medienproduktion und -distribution von Videounterhaltung auf YouTube ist sehr dünn und medien- und kommunikationswissenschaftliche Forschungen – insbesondere für den deutschen Raum – so gut wie nicht vorhanden. Diesem Defizit kann nicht ausschließlich durch die Inhaltsanalyse der YouTube-Videos und -Kanäle oder der Zuschauerforschung entgegengewirkt werden, auch wenn jene Aspekte wichtige Bestandteile der Forschung sind. Es bedarf vielmehr einer näheren Betrachtung der Produzentenseite, um fundierte Erkenntnisse zur Medienproduktion gewinnen zu können. Bedauerlicherweise gibt es keine oder nur sehr wenige und veraltete Interviews mit YouTubern, wie etwa von Lange (2009). Durch die schnelle Entwicklung von Technologie und Nutzerverhalten im Internet besitzen diese Interviews allerdings nur noch eine sehr begrenzte Aussagekraft. Viele Änderungen auf YouTube, wie der Wegfall der zeitlichen Obergrenze von zehn Minuten für Videos, die Öffnung der Plattform für Werbung oder das Aufkommen neuer sozialer Netzwerke wie Twitter und Instagram, haben die Medienlandschaft im Internet seitdem beeinflusst.

Der Feldzugang über den befreundeten YouTuber Sturmwaffel ermöglichte mir, für die vorliegende Arbeit die fehlenden Daten in puncto Medienproduktion und -distribution der professionellen YouTuber zu erheben. Dazu führte ich Experteninterviews mit Sturmwaffel (560.000 Abonnenten / Endemol beyond), Rewinside (1,2 Millionen Abonnenten / TubeOne) und Paluten (1,1 Millionen Abonnenten / Divimove), die sich untereinander kennen und regelmäßig Videos zusammen produzieren. Alle drei betätigen sich in den Genres der Gaming- und Vlog-Videos, die neben den dokumentarischen Videotagebüchern vor allem die Computerspiele *Minecraft*, *GTA V* und *Happy Wheels* zum Gegenstand haben.

Die Interviews fanden Anfang November 2015 in den Wohnungen der YouTuber in Köln statt. Als Basis der Gespräche diente ein Interview-Leitfaden, durch den sichergestellt wurde, dass alle forschungsrelevanten Themen im Gespräch behandelt wurden und eine Vergleichbarkeit der Ergebnisse im Nachhinein gewährleistet ist. Insgesamt 16 Fragen decken Themenfelder ab wie das Vorgehen bei der Videoproduktion, das Verhältnis und die Interaktion zwischen Zuschauern und YouTubern, die Rolle von Authentizität, Qualitäts- und Erfolgskriterien, den Einsatz von sozialen Medien und den Umgang mit Branded Content und Multi-Channel-Networks (siehe *Anhang*). Die Interviews wurden mit dem Einverständnis der YouTuber als Audioaufnahme mitgeschnitten und anschließend transkribiert. Auf Bitte der Interviewpartner werden sie zum Schutz ihrer Privatsphäre nicht mit bürgerlichen Namen, sondern mit ihren YouTube-Pseudonymen zitiert.

7.2.2 Professionelle Medienproduktion auf YouTube

Die Medienproduktion auf YouTube wird nun im Hinblick auf die drei interviewten YouTuber ganzheitlich analysiert und ebenfalls ergänzend mit Beispielen von Studio71 aus der Perspektive eines Multi-Channel-Networks betrachtet.

Rewinside, Paluten und Sturmwaffel veröffentlichen täglich jeweils zwei bis drei neue Videos auf ihren Kanälen. Bei der Mehrzahl dieser Videos handelt es sich um Gaming-Videos, ein Video ist meist ein Vlog oder ein anderes »Real-Life-Video«. Dabei steht der YouTuber vor der Kamera und beantwortet beispielsweise die via Twitter crowdgesourcten Fragen der Zuschauer. Regelmäßig neue Inhalte hochzuladen ist laut Paluten ein wichtiges Kriterium, um einen YouTube-Kanal erfolgreich zu betreiben (vgl. Anhang 2: Z. 43f.). Alle drei YouTuber haben für ihren Kanal ein grobes Schema, zu welchen Uhrzeiten bei ihnen neue Uploads zu erwarten sind. Meist sind diese in der Zeit ab dem frühen Nachmittag bis zum späten Abend, in den Schulferien auch über den gesamten Tag verteilt. Dabei orientieren sich die YouTuber offensichtlich am Tagesablauf ihrer Hauptzielgruppe – vorrangig Schüler im Alter von zwölf bis 18 Jahren.

Für die inhaltliche Gestaltung ihrer Videos und die Planung neuer Formate folgen Rewinside, Paluten und Sturmwaffel als selbstständige Videokünstler ihren eigenen Ideen und Vorstellungen und legen nach eigener Aussage großen Wert darauf, dass ihre Inhalte vorrangig unterhaltsam sind und authentisch wirken (vgl. Anhang 1: Z. 48; Anhang 2: Z. 29ff., 38ff.; Anhang 3: Z. 37, 86ff.). Dabei sind die Inhalte ihrer Kanäle nach eigener Aussage alle sehr zielgruppenspezifisch, das heißt mit Fokus auf dem Thema Computerspiele – insbesondere Minecraft – und Vlogs (vgl. Anhang 1: Z. 22f.; Anhang 2: Z. 11f.; Anhang 3: Z. 11). Wie bereits im Kapitel *4.2 Im Wandel: Medienprodukte und Produktionslogik* beschrieben, haben Feedback und Änderungsvorschläge der Zuschauer in Form von Bewertungen oder Kommentaren unter dem Video Einfluss auf die zukünftige Medienproduktion. Rewinside und Sturmwaffel beschreiben den kommunikativen Austausch bei der Entwicklung neuer Formate oder der Überarbeitung bestehender sogar als eine Art Kooperation zwischen den Zuschauern und Produzent: „Wenn ein Zuschauer eine gute Idee hat und mir ein Spiel oder ein komplettes Format vorschlägt und ich finde das geil, dann wird das auch umgesetzt" (Anhang 1: Z. 92f.) oder „sagen viele, dass etwas gut ist, dann mache ich das gerne weiter, und genauso, wenn viele sagen, dass etwas nicht gut ist oder ich das so und so verändern könnte, dann arbeite ich weiter daran" (Anhang 3: Z. 88ff.). Neben der strategisch-planerischen Seite der Medienproduktion sind die Zuschauer auch in die konkrete Inhaltsproduktion auf YouTube involviert. Auf allen drei Kanälen zeigt sich der Trend, die Zuschauer als Anstoßgeber für Inhalte oder Gegenstand der Unterhaltung in die Videos einzubinden. Sei es als Fragesteller bei den sogenannten Frage-Antwort-Formaten »Q&A« und »Twitterfragen« (vgl. Anhang 2: Z. 79ff.), wie bei Paluten und Sturmwaffel häufig zu finden, oder bei Rewinsides »Ultratalent«, bei dem Zuschauer ihre Talente präsentieren und der YouTuber als Juror auftritt (vgl. Rewinside 2015b). Paluten und Sturmwaffel publizieren von Zuschauern erstellte Animationen oder monatliche Best-of-Zusammenschnitte über sich auf ihren Kanälen und verlinken zum YouTube-Kanal des Zuschauers und Erstellers (vgl. Paluten 2015b; Sturmwaffel 2015b, c). Diese Beispiele zeigen, dass die in den klassischen Massenmedien allgegenwärtige Unterscheidung zwischen Zuschauer und Produzent auf YouTube an vielen Stellen nicht mehr klar zu ziehen ist und die ausschließlich passive Rolle des Rezipienten im Internet der Vergangenheit angehört. Bei der Inhaltsproduktion unterstützen sich die YouTuber auch untereinander und nehmen Videos gemeinsam auf, haben Gastauftritte in den Videos anderer YouTuber oder organisieren ganze Formate kooperativ, wie zum Beispiel das Projekt »Minecraft Varo«, bei dem 38 YouTuber mitgewirkt haben (vgl. Sturmwaffel 2015d).

Darüber hinaus hat sich die mediengestalterische Produktionsqualität der Videos auf YouTube in den letzten Jahren stark verbessert. An vielen Stellen hat sie zur Broadcastqualität des Fernsehens aufgeschlossen und diese sogar teilweise mit Inhalten in 4K-Auflösung überholt. Eine Bildqualität von mindestens 720p – oftmals mit semiprofessionellen Equipment oder einer digitalen Spiegelreflexkamera aufgenommen – oder Audioaufnahmen mit professionellen Broadcastmikrofonen sind mittlerweile gang und gäbe, da laut Aussage der YouTuber im deutschen YouTube-Geschäft großer Wert auf hohe Produktionsqualität und explizit auf gute Audioaufnahmen gelegt wird (vgl. Anhang 1: Z. 49ff.; Anhang 2:

Z. 41; Anhang 3: Z. 38ff.). Im Fall der interviewten YouTuber findet die Medienproduktion bei ihnen Zuhause statt, und sie sind nicht nur Darsteller und Moderator, sondern auch Produzent und Mediengestalter in einer Person (vgl. Anhang 1: Z. 17; Anhang 2: 21ff.; Anhang 3: Z. 11f.). YouTuber sagen, Unterhaltung auf YouTube unterscheide sich von Unterhaltung im Fernsehen dadurch, dass sie authentischer, persönlicher und mit größerer gestalterischer Freiheit ausgestattet (vgl. Anhang 2: Z. 20ff.; Anhang 3: Z. 19) und „schneller" (Anhang 3: 18) sei. Im Kontext von YouTube gilt laut Sturmwaffel für gelungene Unterhaltung die Maxime „umso schneller, umso lauter, umso kürzer, umso besser" (Anhang 3: Z. 21f.). Hohe Aufrufzahlen von Videos oder viele Abonnenten zu haben, sind zwar Kennziffern des Erfolgs, allerdings meinen Rewinside, Paluten und Sturmwaffel, dass er sich daran allein nicht messen lässt. Gleiches gilt für die Güte der Inhalte. Rewinside beschreibt, dass es mit bestimmten Techniken, wie etwa Brüste auf dem Vorschaubild zu platzieren, einfach sei, viele Klicks zu bekommen (vgl. Anhang 1: Z. 55ff.). Paluten weist darauf hin, dass sich eine reine Bewertung des Erfolgs anhand von Aufrufzahlen allein deshalb schon nicht anbietet, weil der Zeitpunkt, zu dem sie gemessen werden, die ausschlaggebende Variable sei und es sich daher nur um einen relativen Indikator handeln könne (vgl. Anhang 2: Z. 53ff.). Aus diesem Grund geben alle drei an, dass direktes Feedback der Zuschauer – sowohl durch einen Like oder Dislike als auch in Form von Kommentaren – für sie die Bewertungsgrundlage für Erfolg und Qualität ihrer Videos und ihres Kanals ist (vgl. Anhang 1: Z. 62f.; Anhang 2: Z. 50f.; Anhang 3: 53ff.).

Soziale Netzwerke nutzen die YouTuber vorrangig zur Interaktion mit ihren Fans wie auch zur Bewerbung ihrer Videos, die sie dort mit Links verbreiten (vgl. Anhang 3: Z. 80f.). Besonders aktiv sind sie auf Twitter und Instagram, während Facebook „mittlerweile eine untergeordnete Rolle [spielt], weil man da letztlich für die Reichweite zahlen muss" (Anhang 1: Z. 82f.), und ansonsten die Beiträge nicht allen Followern auf der Plattform angezeigt werden. Wenn die YouTuber soziale Medien zur Verbreitung kommerzieller Werbebotschaften oder von Branded Content nutzen, kennzeichnen sie entsprechende Beiträge mit einem Hinweis auf den werblichen Charakter (vgl. Anhang 2: Z. 101f.). Ebenso wird Branded Content in ihren YouTube-Videos mit Einblendungen angezeigt (vgl. Anhang 1: Z. 116ff.; Anhang 3: Z. 107ff.). Dabei sind die YouTuber darauf bedacht, nicht zu viele Werbeinhalte auf ihren Kanälen zu verbreiten, da dies ihr Ansehen und ihre Glaubwürdigkeit in der YouTube-Community schädigen könnte. Wenn sie Werbung machen, dann zu Produkten und Marken, hinter denen sie selber stehen (vgl. Anhang 2: Z. 107ff.; Anhang 3: Z. 113ff., 122ff.). Alle drei monetarisieren ihre Videos auf YouTube (vgl. Anhang 1: Z. 111; Anhang 2: Z. 94; Anhang 3: Z. 101). Ferner sind alle Mitglied in verschiedenen Multi-Channel-Networks, denen sie vorrangig aus Gründen der Urheberrechtsklärung, die solche Netzwerke für sie übernehmen, beigetreten sind (Anhang 1: Z. 149ff.; Anhang 2: Z. 125f.; Anhang 3: Z. 149).

Multi-Channel-Networks vermitteln des Weiteren Kollaborationen und Cross-Promotions zwischen YouTubern untereinander sowie mit anderen Medienproduzenten oder Werbetreibenden. Ebenso produzieren sie auch eigene Inhalte und Videoformate. Studio71, das Multi-Channel-Netzwerk der ProSiebenSat.1 Media AG, erstellt zum Beispiel die Videoserien »The Mansion« und »Das Netzwerk«, die auf eigenen YouTube-Kanälen publiziert werden. Beide haben unter anderem YouTuber als Darsteller und handeln von YouTube oder der Gamingszene, und die Serien sind in puncto Produktionsqualität und Machart nahe an oder gleichwertig zu TV-Produktionen (vgl. The Mansion 2015; Das Netzwerk 2015). Weitere Formate sind »Let's Play Poker« oder »Last Man Standing«, die als Live-Events auf YouTube gestreamt und anschließend auf den Kanälen veröffentlicht werden und ebenfalls YouTuber als Darsteller haben (vgl. Let's Play Poker 2015; Last Man Standing 2015). Zusätzlich zu diesen Aktivitäten verwaltet das Netzwerk auch die YouTube-Kanäle von ProSieben- und Sat.1-Fernsehsendungen wie Galileo, The Voice of Germany oder Kesslers Knigge und platziert die YouTuber des Netzwerks in Sendungen der Fernsehsender. Anhand dieser Beispiele wird die Funktion des Multi-Channel-Networks als Bindeglied zwischen TV und YouTube deutlich.

8. Theorie zur Transformation der Videobranche

Aufbauend auf den deskriptiv-fallbasierten Beobachtungen und Analysen dieser Arbeit soll nun abschließend ein Versuch zur Theoriebildung hinsichtlich der Transformation der Medienproduktion der Videobranche unternommen werden.

Der Fernseher, der jahrzehntelang im Mittelpunkt der Bewegtbildindustrie stand, ist im Begriff, mehr und mehr zu einem reinen großen Bildschirm herabgestuft zu werden, auf dem Inhalte aus dem Internet oder von Computer und Smartphone gestreamt werden. Seine Rolle als Wiedergabegerät wandelt sich. Der Fokus der Medienproduktion verschiebt sich von einer Orientierung an der starren Struktur des linearen Programms in Richtung der On-Demand-Verfügbarkeit im Internet. Durch Digitalisierung und Medienkonvergenz ist die starke Verbreitung und Omnipräscnz von Video auf einer Vielzahl von Endgeräten entstanden. Dadurch besitzen die Zuschauer Entscheidungsfreiheit – und damit Marktmacht –, wenn es um die Auswahl ihrer Medienangebote geht.

Entscheidende Veränderungen finden nicht nur bei der Distribution statt, sondern auch auf Ebene der Medienproduktion und insbesondere im Verhältnis von Produzenten und Rezipienten. Die partizipative Kultur des Internets sowie dessen Möglichkeiten verändern die Produktion von Videounterhaltung durch die Integration der Zuschauer in die Inhalte über die sozialen Medien. Der Zuschauer, einst passiver Empfänger der Massenkommunikation, kann zum aktiven Mitschauer werden. Auch unter inhaltlichen Gesichtspunkten werden die Mitschauer Teil der Medienproduktion. Vorrangig auf YouTube, aber auch zunehmend in Fernsehproduktionen, werden Zuschauer zu Inhalte- und Ideengebern. Formate wie »Kommentare-Kommentieren« oder »Q&A« zeigen, dass solche Formen des digitalen Content Crowdsourcing ein gegenwärtig weit verbreitetes Phänomen sind.

Insgesamt wird folgende Entwicklung deutlich: Das Fernsehen wird durch die Integration von Social Media und Mitschauern partizipativer und sozialer, während die Videoproduktion im Internet, insbesondere auf YouTube, sich zunehmend professionalisiert. Sowohl in der Organisation der Medienproduktion als auch in ihrer Gestaltung und Qualität hat Online-Video zu den klassischen Angeboten aufgeschlossen und ist längst nicht mehr nur durch amateurhafte Inhalte oder Katzenvideos gekennzeichnet. Das zunehmende Aufkommen und die Spezialisierung professioneller Produktionsfirmen und -netzwerke auf YouTube-Produktionen sind ein weiterer Beleg dieser Entwicklung.

9. Resümee

Abschließend lässt sich festhalten, dass die technologischen Innovationen und Weiterentwicklungen des letzten Jahrzehnts sowie die Verbreitung des Internets und die resultierenden Digitalisierungs- und Konvergenzprozesse die Produktion, Distribution und den Umgang mit Medien grundlegend transformiert haben. Insbesondere die Videobranche hat sich in vielerlei Hinsicht gewandelt. Obgleich der Fernseher – mittlerweile oftmals mit Internetzugang, Apps und weiteren Peripheriegeräten zur Videoübertragung ausgestattet – gegenwärtig noch zu den wichtigsten Endgeräten für den Konsum von Bewegtbild gehört, spielen Computer und mobile Endgeräte wie Smartphones und Tablet-PCs eine zunehmend zentrale Rolle. Internetbasierte Streamingangebote und Video-on-Demand-Dienste gehören zum Alltag vieler Menschen. Die Auswahl ist groß und vielfältig und reicht von kostenpflichtigen Optionen über die teilweise unentgeltlich nutzbaren Mediatheken von privaten und öffentlich-rechtlichen Fernsehsendern bis hin zu YouTube, das sich momentan noch ausschließlich über Werbung finanziert.

Soziale Netzwerke wie YouTube, Facebook und Twitter sind sowohl für die überwiegende Anzahl von Fernseh- als auch Onlineproduktionen fester Bestandteil des Produktions- und Distributionsprozesses sowie für die Interaktion mit (potentiellen) Zuschauern und Fans. Deren Mediennutzungsverhalten ist nicht mehr vorrangig auf einen Zugangspunkt, wie etwa den Fernseher, beschränkt, sondern greift auf verschiedene Medien und Plattformen teilweise simultan zurück und wird mit dem Begriff des cross-medialen Zuschauerverhaltens beschrieben. Eine besonders populäre Form davon ist das Social Viewing, bei dem sich die Rezipienten zeitgleich zum Medienkonsum über Social Media äußern und diskutieren. Für Produzenten bedeutet das im Umkehrschluss, dass sie ihr Angebot und ihre Aktivitäten nicht mehr nur auf das Bewegtbildprodukt an sich begrenzen können, wenn sie erfolgreich in der Unterhaltungsbranche agieren wollen. Sie müssen mehrere Plattformen einbinden und multimediale Angebote schaffen. Die etablierten TV-Sender und klassischen Produzenten der Videobranche bekommen in den letzten Jahren Konkurrenz. Neue Akteure wie Netflix und Amazon Video haben damit begonnen, eigene professionelle Inhalte zu produzieren, und hinter YouTubes riesigem Angebot an Unterhaltung steckt mittlerweile eine professionalisierte Struktur von Kanälen, Videokünstlern und Vermarktung. Multi-Channel-Networks sind ein neuer Player in der Medienlandschaft, die die Professionalisierung des Online-Video-Marktes strukturell und qualitativ weiter vorantreiben und in einigen Fällen als Bindeglied zwischen

Fernsehen und Internet fungieren. YouTuber bieten mit ihren Kanälen ein Alternativprogramm, das neue Formate wie zum Beispiel Vlogs oder Let's Plays als Unterhaltungsformate jenseits der klassischen Massenmedien beinhaltet. Durch das Überangebot an Unterhaltungsinhalten entsteht eine Form der Aufmerksamkeitsökonomie, in der die Aufmerksamkeit und Treue der Rezipienten zur raren Ware werden und die verschiedenen Produzenten darum konkurrieren.

Die Auswirkungen der zuvor beschriebenen neuen Entwicklungen und Gegebenheiten werden speziell bei der Produktion von Medieninhalten sichtbar. Die Analyse der Praxisbeispiele und die Interviews mit den YouTubern Rewinside, Sturmwaffel und Paluten belegen die zentrale Rolle der Zuschauer bei der Planung, Erstellung und Verbreitung neuer Videos. Mithilfe der sozialen Netzwerke wird die ehemals passive Rolle der Zuschauer durch eine aktive(re) Rolle abgelöst, in der sie durch Kommentare, Bewertung von Videos und den dialogischen Austausch mit den Produzenten zum Mitschauer werden. Zusätzlich zu ihrer neuen Funktion als Ideengeber und Rezensent können sie selbst zum Inhalt der Medienerzeugnisse werden, beispielsweise im »Kommentare-Kommentieren-Format«. Diese Formen des Content-Crowdsourcings finden sich in allen der insgesamt fünf untersuchten Praxisbeispiele aus dem Fernsehen und Internet, die im Rahmen dieser Arbeit analysiert wurden. Außerdem zeigt sich – neben der zuvor erwähnten Professionalisierung der Videoproduktion im Internet – der Trend, dass sich Fernsehunterhaltung durch die Integration von Social Media und Content-Crowdsourcing in Richtung der Online-Video-Kultur bewegt und somit sozialer und partizipativer wird.

Beim Thema Bewegtbild wird in allen Belangen nicht mehr in die Röhre geguckt, sondern in die Zukunft und dahin, wo die Zuschauer und Mitschauer von heute und morgen sind: auf die digitalen Bildschirme und Plattformen.

Literaturverzeichnis

Benjamin, J. (2014): PSY's 'Gangnam Style' Hits 2 Billion YouTube Views, Online unter: http://www.billboard.com/articles/columns/k-town/6106224/psy-gangnam-style-2-billion-views-YouTube-kpop (26.10.2015).

BITKOM (2014): Jung und vernetzt. Kinder und Jugendliche in der digitalen Gesellschaft. Berlin: Bundesverband Informationswirtschaft, Telekommunikation und neue Medien e. V. Online unter: https://www.bitkom.org/Publikationen/2014/Studien/Jung-und-vernetzt-Kinder-und-Jugendliche-in-der-digitalen-Gesellschaft/BITKOM_Studie_Jung_und_vernetzt_2014.pdf (13.10.2015).

Blum, S. (2010): Crossmediale Vermarktung von Medienangeboten. Zur Rolle von Konzernen und Unternehmensnetzwerken bei der Vermarktung der Fernsehserie „Sex and the City". In: K. Lantzsch et al. (Hrsg.): Handbuch Unterhaltungsproduktion. Wiesbaden: VS Verlag für Sozialwissenschaften, S. 303-315.

Brouwer, B. (2014): YouTube Now Sees 300 Hours Of Video Uploaded Every Minute, Online unter: http://www.tubefilter.com/2014/12/01/YouTube-300-hours-video-per-minute/ (22.10.2015).

Burgess, J. (2007): Vernacular Creativity and New Media. Online unter: http://eprints.qut.edu.au/16378/1/Jean_Burgess_Thesis.pdf (10.10.2015).

Burgess, J.; Green, J. (2009): YouTube. Online Video and Participatory Culture. Cambridge: Polity Press.

de Buhr, T.; Tweraser, S. (2010): My Time Is Prime Time. In: Beißwenger, A. (Hrsg.): YouTube und seine Kinder. Wie Online-Video, Web-TV und Social Media die Kommunikation von Marken, Medien und Menschen revolutionieren. Baden-Baden: Nomos, S. 69-92.

Castells, M. (2005): Die Internet-Galaxie. Internet, Wirtschaft und Gesellschaft. Wiesbaden: VS Verlag für Sozialwissenschaften.

Castells, M. (2009): Communication power. Oxford: Oxford University Press.

Cioletti, A. (2014): The new buzz: Multi-Channel Networks offer extraordinary opportunity and entertainment potential, both for mainstream media and for the licensed consumer product business. Is this the new licensing frontier?

License! Global takes a look at the MCN business and the vast IP that exists within. In: License!, 17(3), S. 134-142.

Fachner, A. (2015): Ist Fernsehen jetzt überall? Ein amerikanisch-deutscher Vergleich über die Distribution von TV-Inhalten im Internet. München: GRIN Verlag.

Fagerjord, A.; Storsul, T. (2007): Questioning Convergence. In: Storsul, T.; Stuedahl, D. (Hrsg.): Ambivalence Towards Convergence. Digitalization and Media Change. Göteborg: Nordicom, S. 19-32.

Fuchs, C. (2014): Social Media. A critical Introduction. London: SAGE Publications.

Fröhlich, K. (2010): Die Innovationslogik der deutschen TV-Unterhaltungsproduktion. In: K. Lantzsch et al. (Hrsg.): Handbuch Unterhaltungsproduktion. Wiesbaden: VS Verlag für Sozialwissenschaften, S. 117-134.

Göbel, P. (2013): ZDF startet durchgängigen Live-Stream – so geht's auf PC, iOS und Android, Online unter: http://www.giga.de/unternehmen/zdf/news/zdf-startet-durchgangigen-live-stream-auch-zdfneo-zdfkultur-und-zdfinfo-auf-pc-ios-und-android/ (14.10.2015).

Graf, J. (2010): Aufmerksamkeitsökonomie und Bewegtbild. In: Beißwenger, A. (Hrsg.): YouTube und seine Kinder. Wie Online-Video, Web-TV und Social Media die Kommunikation von Marken, Medien und Menschen revolutionieren. Baden-Baden: Nomos, S. 37-44.

Gugel, B. (2014): Sind YouTube-Netzwerke die neuen Sender? Ein Blick auf Funktionsweise, Leistungen und Geschäftsmodell der aufstrebenden Multi-Channel-Networks. In: die medienanstalten – ALM GbR (Hrsg.): Digitalisierungsbericht 2014. Alles fließt! Neue Formen und alte Muster. Leipzig: VISTAS Verlag, S. 19-31.

Guo, M.; Chan-Olmsted, S. M. (2015): Predictors of Social Television Viewing: How Perceived Program, Media, and Audience Characteristics Affect Social Engagement With Television Programming. In: Journal of Broadcasting & Electronic media, 59(2), S. 240-258.

Ha, L.; Chan-Olmsted, S. M. (2004): Cross-Media Use in Electronic Media: The Role of Cable Television Web Sites in Cable Television Network Branding and Viewership. In: Journal of Broadcasting & Electronic Media, 48(4), S. 620-645.

Hanson, G.: Haridakis, P. (2009): Social interaction and co-viewing with YouTube: Blending mass communication reception and social connection. In: Journal of Broadcasting & Electronic Media, 53(2), S. 317-355.

Hanson, G.; Haridakis, P. (2008): YouTube Users Watching and Sharing the News: A Uses and Gratifications Approach. In: Journal of Electronic Publishing, 11(3), DOI: 10.3998/3336451.0011.305.

Haridakis, P.; Hanson, G. (2009): Social Interaction and Co-Viewing With YouTube: Blending Mass Communication Reception and Social Connection. In: Journal of Broadcasting & Electronic Media, 53(2), S. 317-335.

Hege, H. (2014): Cable-ization of the Internet – warum uns das TV-Kabel lehrt, wie wichtig Netzneutralität für die Medienvielfalt ist. In: die medienanstalten – ALM GbR (Hrsg.): Digitalisierungsbericht 2014. Alles fließt! Neue Formen und alte Muster. Leipzig: VISTAS Verlag, S. 11-16.

Heinrich, J. (2002): Medienökonomie. Band 2: Hörfunk und Fernsehen. Wiesbaden: VS Verlag für Sozialwissenschaften.

Helft, M.; Mansour, I. (2013): How YouTube Changes Everything. In: Fortune, 168(3), S. 52, Online unter: http://fortune.com/2013/07/25/how-YouTube-changes-everything/ (10.10.2015).

Hennig-Thurau, T.; Wiertz, C.; Feldhaus, F. (2014): Does Twitter matter? The impact of microblogging word of mouth on consumers' adoption of new movies. In: Journal of the Academy of Marketing Science, 43(3), S. 375-394.

Herold, F.; Schulze, N. (2010): Effektive Nutzung von Bewegtbild-Werbung in der Markenkommunikation. In: Beißwenger, A. (Hrsg.): YouTube und seine Kinder. Wie Online-Video, Web-TV und Social Media die Kommunikation von Marken, Medien und Menschen revolutionieren. Baden-Baden: Nomos, S. 131-144.

Jäckel, M. (2003): Medienwirtschaftliches Handeln der Rezipienten. In: Altmeppen, K.; Karmasin, M. (Hrsg.): Medien und Ökonomie. Band 1/2: Grundlagen der Medienökonomie: Soziologie, Kultur, Politik, Philosophie, International, Geschichte, Technik, Journalistik. Wiesbaden: Westdeutscher Verlag, S. 15-45.

Jenkins, H.; Li, X.; Krauskopf, A., Green, J. (2009): If It Doesn't Spread, It's Dead (Part Two): Sticky and Spreadable – Two Paradigms. Online unter: http://henryjenkins.org/2009/02/if_it_doesnt_spread_its_dead_p_1.html (13.10.2015).

Jenkins, H. (2006): Covergence Culture. Where Old and New Media Collide. New York/London: New York University Press.

Jung, E. H.; Walden, J. (2015): Extending the Television Brand: An Examination of Why Consumers Use Broadcast Network Web Sites. In: Journal of Broadcasting & Electronic Media, 59(1), S. 94-111.

Juul, J. (2009): A Casual Revolution: Reinventing Video Games and their Players. Cambridge: MIT Press.

Kaplan, A.; Haenlein, M. (2011): The early bird catchest he news: Nine things you should know about micro-blogging. In: Business Horizons, 54(2), S. 105-113.

Keen, A. (2007): The Cult of the Amateur. How Today's Internet is Killing Our Culture and Assaulting Our Economy. London: Nicholas Brealey Publishing.

Kiefer, M. (2001): Medienökonomik: Einführung in eine ökonomische Theorie der Medien. München: Oldenbourg Wissenschaftsverlag.

Koch-Gombert, D. (2010): Aufgaben und Strategien der Programmplanung im klassischen Free-TV und im digitalen Wettbewerb. In: K. Lantzsch et al. (Hrsg.): Handbuch Unterhaltungsproduktion. Wiesbaden: VS Verlag für Sozialwissenschaften, S. 180-194.

Köcher, A. (2004). Was kosten die Medien? Preise in der Mediengesellschaft. In: Altmeppen, K.; Karmasin, M. (Hrsg.): Medien und Ökonomie. Band 2: Problemfelder der Medienökonomie. Wiesbaden: VS Verlag für Sozialwissenschaften, S. 209-231.

Kruitbosch, G.; Nack, F. (2008): Broadcast yourself on YouTube – really? In: Proceedings of the 3rd ACM International Workshop on Human-Centered Computing, S. 7-10).

Kunow, K. (2014): Aktueller Stand der Digitalisierung in den deutschen (TV-)Haushal-ten. In: die medienanstalten – ALM GbR (Hrsg.): Digitalisierungsbericht 2014. Alles fließt! Neue Formen und alte Muster. Leipzig: VISTAS Verlag, S. 34-45.

Kühl, E. (2015): Wer will für YouTube zahlen?, Online unter: http://www.zeit.de/digital/internet/2015-10/YouTube-red-abo-bezahldienst-keine-werbung (23.10.2015).

Lange, P. (2014): Kids on YouTube. Technical Identities and Digital Literacies. Walnut Creek, CA: Left Coast Press.

Light, B.; Griffiths, M.; Lincoln, S. (2012): 'Connect and create': Young people, YouTube and Graffiti communities. In: Journal of Media & Cultural Studies, 26(3), S. 343-355.

Lin, C. A. (2002): Perceived gratifications of online media service among potential users. In: Telematics and Informatics, 2002(19), S. 3-19.

Lin, J.; Cho, C. (2010): Antecedents and Consequences of Cross-Media Usage: A Study of a TV Program's Official Web Site. In: Journal of Broadcasting & Electronic Media, 54(2), S. 316-336.

Logan, R. (2010): Understanding New Media. Extending Marshall McLuhan. New York: Peter Lang Publishing.

Lüders, M. (2007): Converging Forms of Communication? In: Storsul, T.; Stuedahl, D. (Hrsg.): Ambivalence Towards Convergence. Digitalization and Media Change. Göteborg: Nordicom, S. 179-198.

Maier, M. (2004): Medienunternehmen im Umbruch. Transformation ökonomischer Dispositive, neue Organisationsstrukturen und entgrenzte Arbeitsformen. In: Altmeppen, K.; Karmasin, M. (Hrsg.): Medien und Ökonomie. Band 2: Problemfelder der Medienökonomie. Wiesbaden: VS Verlag für Sozialwissenschaften, S. 15-40.

Marek, R. (2013): Understanding YouTube. Über die Faszination eines Mediums. Bielefeld: Transcript Verlag.

Marx, K.; Engels, F. (1846): The German ideology. Amherst, NY: Prometheus Books.

Miles, J. (2013): YouTube Marketing Power: How to use video to find more prospects, launch your products, and reach a massive audience. New York: McGraw-Hill.

Moylan, B. (2015): A Decade of YouTube Has Changed The Future of Television, Online unter: http://time.com/3828217/YouTube-decade/ (10.10.2015).

O'Reilly, T. (2006): Web 2.0 Compact Definition: Trying Again. http://radar.oreilly.com/2006/12/web-20-compact-definition-tryi.html (13.10.2015).

O'Reilly, T. (2005): Web 2.0: Compact Definition. http://radar.oreilly.com/2005/10/web-20-compact-definition.html (13.10.2015).

Petersen, A. (2007): Realizing Cross Media. In: Storsul, T.; Stuedahl, D. (Hrsg.): Ambivalence Towards Convergence. Digitalization and Media Change. Göteborg: Nordicom, S. 57-72.

Richard, B. (2009): Das jugendliche Bild-Ego bei YouTube und flickr. True (Black Metal) und Real als Figuren mometischer Selbstdarstellung. In: Hugger, K. (Hrsg.): Digitale Jugendkulturen, Bielefeld: VS Verlag für Sozialwissenschaften, S. 55-73.

Schanke Sundet, V. (2007): The Dream of Mobile Media. In: Storsul, T.; Stuedahl, D. (Hrsg.): Ambivalence Towards Convergence. Digitalization and Media Change. Göteborg: Nordicom, S. 87-116.

Seufert, W. (2004: Medienvertrieb über das Internet – Ende der Intermediäre? In: Altmeppen, K.; Karmasin, M. (Hrsg.): Medien und Ökonomie. Band 2: Problemfelder der Medienökonomie. Wiesbaden: VS Verlag für Sozialwissenschaften, S. 63-94.

Shade, D. D.; Kornfield, S.; Oliver, M. B. (2015): The Uses and Gratifications of Media Migration: Investigating the Activities, Motivations, and Predictors of Migration Behaviors Originating in Entertainment Television. In: Journal of Broadcasting & Electronic Media, 59(2), S. 318-341.

Simonsen, T. (2013): The Mashups of YouTube. In: Nordicom Review, 34(2), S. 47-63.

de Sola Pool, I. (1983): Technologies of Freedom: On The Speech in an Electronic Age. Cambridge: Harvard University Press.

Soukup, P. (2014): Looking at, with, and through YouTube. In: Communication Research Trends, 33(3), S. 3-34.

Spangler, T. (2014): Amazon to Spend More Than $100 Million on Original Series in Q3, Online unter: http://variety.com/2014/digital/news/amazon-to-spend-more-than-100-million-on-original-series-in-q3-1201268987/ (07.11.2015).

Strangelove, M. (2010): Watching YouTube. Extraordinary Videos by Ordinary People. Toronto: University of Toronto Press.

van Dijck, J. (2013): The culture of connectivity: A critical history of social media. Oxford: Oxford University Press.

van Dijck (2007): Television 2.0: YouTube and the Emergence of Homecasting. Essay vorgestellt auf der Konferenz „Media in Transition 5", 27.-29.04.2007, Cambridge, Massachusetts. Online unter: http://web.mit.edu/comm-forum/mit5/papers/vanDijck_Television2.0.article.MiT5.pdf (12.10.2015).

Wagner, R. (2010): Case Study – Das Webserien-Portal 3min. In: Beißwenger, A. (Hrsg.): YouTube und seine Kinder. Wie Online-Video, Web-TV und Social Media die Kommunikation von Marken, Medien und Menschen revolutionieren. Baden-Baden: Nomos, S. 157-170.

Waldfogel, J. (2008): Lost on the web: Does web distribution stimulate or depress television viewing? In: Information Economics and Policy, 2009 21(2), S. 158-168.

Wimmer, J. (2013): Massenphänomen Computerspiele. Soziale, kulturelle und wirtschaftliche Aspekte. Konstanz: UVK Verlagsgesellschaft.

Witting, T. (2013): Vergemeinschaftungsprozesse im Kontext digitaler Spiele. In: Compagna, D.; Derpmann, S. (Hrsg.): Soziologische Perspektiven auf Digitale Spiele. Konstanz: UVK Verlagsgesellschaft, S. 173-184.

Zabel, C. (2009): Wettbewerb im deutschen TV-Produktionssektor. Produktionsprozesse, Innovationsmanagement und Timing-Strategien. Wiesbaden: VS Verlag für Sozialwissenschaften.

Zubayr, C.; Gerhard, H. (2015): Tendenzen im Zuschauerverhalten. Fernsehgewohnheiten und Fernsehreichweiten im Jahr 2014. In: Media Perspektiven, 2015(3), S. 110-125.

Nachschlagewerke

Medium. In: Bibliographisches Institut GmbH (Hg.) (2015): Duden, Online unter: http://www.duden.de/node/651831/revisions/1368505/view (21.10.2015).

Internetquellen

Apple (2008): ABC, CBS, FOX & NBC Offer Incredible Lineup of Programming in Stunning HD on the iTunes Store, Online unter: http://www.apple.com/pr/library/2008/10/16ABC-CBS-FOX-NBC-Offer-Incredible-Lineup-of-Programming-in-Stunning-HD-on-the-iTunes-Store.html (16.10.2015).

Amazon (2013): Press Release. Customers Have Spoken: Alpha House, Betas, Annebots, Creative Galaxy and Tumbleaf Chosen for Amazon's First-Ever Original Series, Available Exclusively on Prime Instant Video, Online unter: http://phx.corporate-ir.net/phoenix.zhtml?c=176060&p=irol-newsArticle&ID=1824965&highlight= (16.10.2015).

Facebook (2015a): Company Info, Online unter: http://newsroom.fb.com/company-info/ (28.10.2015).

Facebook (2015b): 1.000.000.000 Menschen, gemeinsam, Online unter: https://www.facebook.com/197589525931/posts/10153454504020932/ (28.10.2015).

GRIP – Das Motormagazin (2015f): Alle Videos auf Facebook, Online unter; https://www.facebook.com/grip/videos (13.11.2015).

Neo Magazin Royale (2015j): Neo Magazin Royale auf Twitter, Online unter: https://twitter.com/neomagazin (12.11.2015).

Netflix (2015): Overview, Online unter: http://ir.netflix.com (21.10.2015).

NPD Group (2013): The NPD Group: Apple iTunes Dominates Internet Video Market, Online unter: https://www.npd.com/wps/portal/npd/us/news/press-releases/the-npd-group-apple-itunes-dominates-internet-video-market/ (16.10.2016).

RTL II (2015): GRIP – Das Motormagazin, Online unter: http://www.rtl2.de/sendung/grip-das-motormagazin (13.11.2015).

Statista (2015): Statistics and facts about Online Video, Online unter: http://www.statista.com/topics/1137/online-video/ (16.10.2015),

Statista (2014): Statistics and Facts about YouTube, Online unter: http://www.statista.com/topics/2019/YouTube/ (16.10.2015).

Twitter (2015a): Twitter for Television, Online unter: http://media.twitter.com/tv (10.10.2015).

Twitter (2015b): Twitter Usage / Company Facts, Online unter:
http://about.twitter.com/company (10.10.2015).

Twitter (2015c): ABC's Scandal recruits fans on Twitter, Online unter:
https://media.twitter.com/success/abc-scandal-recruits-fans-on-twitter
(01.11.2015).

Twitter (2015d): NBC's America's Got Talent asks fans to vote via Tweet,
Online unter: https://media.twitter.com/success/nbcs-americas-got-talent-
voting-via-twitter (01.11.2015).

YouTube (2015a): Über YouTube, Online unter:
http://www.YouTube.com/yt/about/de/ (08.10.2015).

YouTube (2015b): Statistik, Online unter:
http://www.YouTube.com/yt/press/de/statistics (08.10.2015).

YouTube (2015c): Meet YouTube Red, the ultimate YouTube experience,
Online unter: http://YouTube-global.blogspot.de/2015/10/red.html
(22.10.2015).

YouTube (2015d): Werbung auf YouTube, Online unter:
https://creatoracademy.withgoogle.com/page/lesson/ad-types?cid=earn-
money&hl=de#yt-creators-measure-success-1 (09.11.2015).

YouTube (2015e): YouTube-Hilfe: Welche Art von Inhalten kann ich monetarisieren?, Online unter:
https://support.google.com/YouTube/answer/2490020?hl=
de&ref_topic=1115890 (09.11.2015).

YouTube (2015f): YouTube-Hilfe: Bezahlte Produkt-Placements und Empfeh-
lungen, Online unter:
https://support.google.com/YouTube/answer/154235?hl=de (09.11.2015).

ZDF (2015a): ZDF Mediathek. NEO MAGAZIN ROYALE mit Jan Böhmermann, Online unter:
http://www.zdf.de/ZDFmediathek#/kanaluebersicht/1921504
/sendung/NEO-MAGAZIN-ROYALE-mit-Jan-Böhmermann (08.10.2015).

YouTube-Kanäle

CaseyNeistat (2015): CaseyNeistat YouTube-Kanal, Online unter:
https://www.YouTube.com/channel/UCtinbF-Q-fVthA0qrFQTgXQ
(05.11.2015).

Das Netzwerk (2015): Studio71 Das Netzwerk YouTube-Kanal, Online unter:
https://www.YouTube.com/channel/UC-bj-IAjOcg9rfAxujMtzcw
(17.11.2015).

Dner (2015b): Dner YouTube-Kanal, Online unter:
https://www.YouTube.com/user/DnerMC (05.11.2015).

FunForLouis (2015): FunForLouis YouTube-Kanal, Online unter:
https://www.YouTube.com/user/FunForLouis (05.11.2015).

GRIP – Das Motormagazin (2015b): GRIP – Das Motormagazin YouTube-
Kanal, Online unter:
https://www.YouTube.com/channel/UCak3selG2oi5vn7sbqdaULA
(05.11.2015).

Last Man Standing (2015): Studio 71 Last Man Standing YouTube-Kanal,
Online unter: https://www.YouTube.com/user/lastmanstandingLIVE
(17.11.2015).

Let's Play Poker (2015): Studio71 Let's Play Poker YouTube-Kanal, Online unter: https://www.YouTube.com/user/LPPlive (17.11.2015).

Neo Magazin Royale (2015d): NEO MAGAZIN ROYALE YouTube-Kanal,
Online unter:
https://www.YouTube.com/channel/UCNNEMxGKV1LsKZRt4vaIbvw
(05.11.2015).

Next New Networks (2015): Next New Networks YouTube-Kanal, Online unter: https://www.YouTube.com/user/nextnewnetworks/about (10.11.2015).

Paluten (2015a): Paluten YouTube-Kanal, Online unter:
https://www.YouTube.com/user/Paluten (05.11.2015).

Rewinside (2015a): rewinside YouTube-Kanal, Online unter:
https://www.YouTube.com/user/rewinside (05.11.2015).

RTL NOW (2015): RTLNOW.de YouTube-Kanal, Online unter:
https://www.YouTube.com/user/RTLNOWde/about?&ab_channel=RTLN
OW.de (23.10.2015).

Sturmwaffel (2015a): Sturmwaffel YouTube-Kanal, Online unter:
https://www.YouTube.com/channel/UCtmpz7ZiNbRQPdvz607X_gA
(05.11.2015).

The Mansion (2015): Studio71 The Mansion YouTube-Kanal, Online unter:
https://www.YouTube.com/user/Studio71Mansion (17.11.2015).

Unge (2015b): unge YouTube-Kanal, Online unter:
https://www.YouTube.com/user/unge (05.11.2015).

Videos

Dner (2015a): Meine #wireinander Geschichte I Dner, Online unter:
https://www.YouTube.com/watch?v=-bmVmzS3RrI (09.11.2015).

GRIP – Das Motormagazin (2015a): Volvo XC90 im Zuschauer-Check - GRIP -
Folge 313 - RTL2, Online unter:
https://www.YouTube.com/watch?v=fBLwzRCd1PY (07.11.2015).

GRIP – Das Motormagazin (2015c): Zuschauer vs. Malmedie // Ice-Challenge -
GRIP - Folge 312 - RTL2, Online unter:
https://www.YouTube.com/watch?v=svBmKYE7Yvc (13.11.2015).

GRIP – Das Motormagazin (2015d): Matthias Malmedie vs. Felix Körbel im
neuen Mazda MX-5 - GRIP - Folge 332 - RTL2, Online unter:
https://www.YouTube.com/watch?v=V70evoyoWOc (13.11.2015).

GRIP – Das Motormagazin (2015e): Jens Kuck kommentiert Kommentare //
GRIP - BIKE-EDITION, Online unter:
https://www.YouTube.com/watch?v=ODsDyrQ3klo (13.11.2015).

Paluten (2015b): LACHFLASH MIT BERGI & YOLO GLP! ✪ PALUTEN
ANIMATION #2, Online unter:
https://www.YouTube.com/watch?v=NltRYRUC7PQ (17.11.2015).

Neo Magazin Royale (2015a): Varoufakis and the fake finger #varoufake I NEO
MAGAZIN ROYALE mit Jan Böhmermann – ZDFneo, Online unter:
https://www.YouTube.com/watch?v=Vx-1LQu6mAE (01.11.2015).

Neo Magazin Royale (2015b): Eine deutsche Rapgeschichte I #witzefrei Den-
demann im NEO MAGAZIN ROYALE mit Jan Böhmermann – ZDFneo,
Online unter: https://www.YouTube.com/watch?v=iKsa41Ly1m8
(01.11.2015).

Neo Magazin Royale (2015c): PRISM is a dancer: Rantnotizen I #iphoneswel-
come NEO MAGAZIN ROYALE mit Jan Böhmermann – ZDFneo, Online
unter: https://www.YouTube.com/watch?v=pas8SVgQdBY (07.11.2015).

Neo Magazin Royale (2015e): Digitales Quartett: Helene Fischer I #JeSuisWe-
selsky NEO MAGAZIN ROYALE mit Jan Böhmermann – ZDFneo, Online unter: https://www.YouTube.com/watch?v=L8uPZ1rGpeM
(12.11.2015).

Neo Magazin Royale (2015f): „Viral oder Egal" mit Meret Becker | #merkel-schwanger NEO MAGAZIN ROYALE mit Jan Böhmermann – ZDFneo, Online unter: https://www.YouTube.com/watch?v=6xgbIRcBYlw (12.11.2015).

Neo Magazin Royale (2015g): Das Urteil, Folge 10 | NEO MAGAZIN ROYALE mit Jan Böhmermann, Online unter: https://www.YouTube.com/watch?v=g5ZWvp9sTEY (12.11.2015).

Neo Magazin Royale (2015h): Das Orakel von Selfie, Folge 4: Alexandra/Constanze | NEO MAGAZIN ROYALE mit Jan Böhmermann – ZDFneo, Online unter: https://www.YouTube.com/watch?v=47wvFLsdbVs (12.11.2015).

Neo Magazin Royale (2015i): #FAQjan - Vol.16 | NEO MAGAZIN ROYALE mit Jan Böhmermann – ZDFneo, Online unter: https://www.YouTube.com/watch?v=MXKR9EvQD2k (12.11.2015).

Rewinsinde (2015b): RICHTIG KRASSE GESANGSTALENTE 2.0 | DAS ULTRATALENT | REWINSIDE, Online unter: https://www.YouTube.com/watch?v=CknOb-eoasY (07.11.2015).

Unge (2015a): Für immer alles anders..., Online unter: https://www.YouTube.com/watch?v=7VXu7zqeHWI (09.11.2015).

Sturmwaffel (2015b): BEST OF OKTOBER, Online unter: https://www.YouTube.com/watch?v=RlB8mzV_upM (07.11.2015).

Sturmwaffel (2015c): PALUFFEL LACHFLASH | Animation, Online unter: https://www.YouTube.com/watch?v=_feDTMB5wAE (17.11.2015).

Sturmwaffel (2015d): VARO - #01 - Der blanke HORROR!, Online unter: https://www.YouTube.com/watch?v=CH2LpxxsjLA (17.11.2015).

ZDFneo (2014): Die große Kommentare-kommentier-Show mit Joyce Ilg und Jan Böhmermann – NEO MAGAZIN – ZDFneo, Online unter: https://www.YouTube.com/watch?v=u9psD4bk08k (07.11.2015).

Anhang

Anhang 1: Interview mit Rewinside

1 Interviewer: Wie bist Du dazu gekommen, YouTube-Videos zu machen und professio-
2 neller YouTuber zu werden?
3
4 Rewinside: Ich glaube größtenteils aus Langeweile, so wie wahrscheinlich fast jeder.
5 Ich habe irgendwann mal YouTuber aus den USA geguckt, habe mir das angeschaut
6 und gedacht »Okay, der Content, den die machen, ist ziemlich cool«. Gerade Gaming-
7 YouTuber. Dann bin ich irgendwann auf diesen Gronkh-Track aufgesprungen, hab mir
8 das angeguckt und dachte »Minecraft ist so cool«. Dann habe ich es selber gespielt und
9 gedacht, dass mir das, so wie er das erzählt, zu langweilig ist und dass ich das mal sel-
10 ber probieren sollte, und dann habe ich damit angefangen.
11
12 Interviewer: Was sind Deine Inhalte und wie produzierst Du sie?
13
14 Rewinside: Ich glaube, es ist eine Mischung aus Gaming und Unterhaltung. Und es ist
15 mehr der Kommentarstil und worüber wir uns unterhalten als das Spiel an sich. Meis-
16 tens nehme ich die Spiele auf, und zwischendurch mache ich auch mal Vlogs oder Trai-
17 ler. Den Großteil mache ich im Schnitt zu Hause.
18
19 Interviewer: Was ist aus Deiner Sicht der Unterschied zwischen Unterhaltung im Fern-
20 sehen und Unterhaltung auf YouTube?
21
22 Rewinside: Unterhaltung auf YouTube ist viel zielgruppenansprechender. Das Fernse-
23 hen versucht, eine breite Zielgruppe abzudecken, und ich kenne meine Zuschauer. Ich
24 weiß, was meinen Zuschauern gefällt. Und ich habe die Möglichkeit, direkt auf sie zu
25 reagieren. Wenn sie zum Beispiel sagen, dass sie ein Spiel oder eine Serie kacke finden,
26 dann kommt das halt nicht noch mal auf meinem Kanal. Das andere ist, dass für mich
27 als Produzent und Unterhalter die Möglichkeit viel eher gegeben ist, mich frei auszule-
28 ben. Ich kann alles machen. Ich kann auf YouTube sagen, was ich will, wo ich im Fern-
29 sehen bei Schimpfwörtern zum Beispiel eher weggepiept werde.
30
31 Interviewer: Spielt der Begriff »Authentizität« auf YouTube eine Rolle, und wenn ja,
32 was bedeutet sie für Dich?
33
34 Rewinside: Definitiv spielt das eine Rolle. Ich finde, man sollte sich auf YouTube nicht
35 verstellen und der Mensch sein, der man auch tatsächlich ist. Natürlich haben wir alle
36 irgendwo unsere »Aufnahmementalität«, aber der Moderator Florian Silbereisen ist
37 wahrscheinlich zu Hause auch nicht die ganze Zeit am Grinsen, sondern wird auch mal
38 einen schlechten Tag haben. Ich finde aber, dass, wenn es zu krass wird, beispielsweise
39 in die Richtung, ein Produkt zu verkaufen, und zu sagen »Dieses Produkt ist so geil, ich
40 finde es extrem geil« und sage das nur, weil ich einen Batzen Geld dafür bekomme,

41 dann ist an der Stelle für mich die Authentizität verloren. Man sollte seinen Zuschauern
42 gegenüber authentisch sein und sein wirkliches Gesicht wahren.
43
44 Interviewer: Was macht guten Content und einen guten Kanal aus?
45
46 Rewinside: Für mich ist das eine gute Abwechslung, die der Kanal bietet. Zum Beispiel
47 gucke ich mir niemanden an, der seit 300 Folgen dabei ist, das Gleiche zu machen. Das
48 ist langweilig. Ich finde vor allem den Unterhaltungswert der Inhalte sehr wichtig. Na-
49 türlich kommt da noch ein Qualitätsfaktor mit hinzu, wie etwa, dass das Video nicht
50 komplett verwackelt oder verpixelt ist oder dass man denjenigen versteht. Audioqualität
51 finde ich extrem wichtig.
52
53 Interviewer: Woran beurteilst Du, ob ein Video oder ein Kanal erfolgreich ist?
54
55 Rewinside: Ich glaube, die meisten gehen zwar von Klicks aus, aber Klicks auf
56 YouTube zu bekommen, ist das Einfachste auf der Welt. Theoretisch könnte ich jetzt
57 ein Thumbnail hochladen, das Brüste zeigt und deren Nippel ich verpixele oder zwei
58 Smileys drauflege, aber im Video esse ich dann nur fünf Minuten lang Kartoffeln. Dann
59 habe ich vielleicht eine Million Klicks, aber es ist trotzdem ein scheiß Video. Darum
60 finde ich, dass Kommentare wichtiger sind, wichtiger sogar noch als Likes. Viele
61 YouTuber sagen »Knacken wir jetzt drei Milliarden Likes und dann schneide ich mir
62 nächste Woche meinen Fuß ab«, oder so etwas in der Art, was weiß ich. Ich finde die
63 Sachen wichtig, die die Community direkt als Feedback postet. Da kann man das auch
64 mal unzensiert in den Kommentaren stehen lassen, wenn jemand schreibt, dass er das
65 Video scheiße findet. Das ist dessen Meinung, und wenn das viele in der Community
66 genauso sehen, dann weiß ich, dass es den Leuten nicht gefällt und woran es liegt. Viele
67 Leute beschweren sich darüber, dass die Community gar nicht in der Lage sei, richtige
68 Kritik zu äußern. Wenn man aber zwischen den Zeilen liest, versuchen sie schon zu
69 sagen, was ihnen nicht gefällt.
70
71 Interviewer: Welche sozialen Medien und Plattformen nutzt Du für Deine Arbeit als
72 YouTuber?
73
74 Rewinside: Snapchat, so ganz nebenbei aber nur. Instagram, Twitter und Facebook.
75 Twitch wäre noch eine Geschichte für das Livestreaming. Ich könnte mir natürlich auch
76 eine Gruppe bei StudiVZ zulegen, aber wer macht das?
77
78 Interviewer: Wofür nutzt Du die sozialen Netzwerke und Plattformen?
79
80 Rewinside: Auf Twitter lasse ich meistens meinen Gedanken freien Lauf. Wenn ich
81 etwas Dämliches denke, dann poste ich das sofort auf Twitter. (lacht) Instagram ist für
82 kleine Statusupdates, wie zum Beispiel, wo ich gerade bin. Facebook ist für mich ei-
83 gentlich irrelevant, wenn ich ehrlich bin, weil man sich seine Reichweite hätte kaufen
84 müssen. Wenn ich da etwas poste, sieht es keiner. Meistens poste ich kleine News zwi-
85 schendurch, Statusmeldungen, wann das nächste Video kommt und welches Video ich
86 gerade produziere. Feedback und Ankündigungen für meine Videos sozusagen.
87
88 Interviewer: Sind Zuschauer für Dich auch Ideengeber für neue Inhalte oder folgst Du
89 strikt Deinen eigenen Plänen und Vorstellungen?

139 Rewinside: Ja, bin ich.
140
141 Interviewer: Seit wann?
142
143 Rewinside: Quasi fast seit Beginn. Ich habe die Netzwerke jetzt mehrmals gewechselt
144 und bin drei Monate, nachdem mein erster Kanal bestand, 2013 in ein Netzwerk gegan-
145 gen.
146
147 Interviewer: Gab es spezielle Gründe für Dich, Mitglied in dem Netzwerk zu werden?
148
149 Rewinside: Am Anfang war es ganz einfach das Problem, dass ich einen Strike wegen
150 einer Copyrightverletzung hatte. Den wollte ich loswerden, und ich wusste, dass ein
151 Netzwerk diesen Strike abfängt. Die Monetarisierung stand für mich damals gar nicht
152 im Vordergrund, denn ich war mir nicht im Klaren, dass ich damit jetzt Geld verdienen
153 kann, und das, was ich zu der Zeit an Klicks gefahren habe, brachte sowieso kein Geld.
154 Ich wollte einfach nicht, dass mein Kanal gelöscht wird, und glücklicherweise hat mich
155 dann ein Netzwerk aufgenommen.
156
157 Interviewer: Vielen Dank für das Interview.

Anhang 2: Interview mit Paluten

1 Interviewer: Wie bist Du dazu gekommen, YouTube-Videos zu machen und professio-
2 neller YouTuber zu werden?
3
4 Paluten: Anfangs war es einfach Langeweile, weil ich in den Semesterferien nichts zu
5 tun hatte. Ich habe selber einen YouTuber geguckt und habe gesehen, dass er eine
6 Community hat und sich da etwas drumherum bildet. Und dann dachte ich mir, dass ich
7 das einfach selber mal probiere. Und das hat dann irgendwie funktioniert.
8
9 Interviewer: Was sind Deine Inhalte und wie produzierst Du sie?
10
11 Paluten: Der Inhalt meines Kanals ist letztlich das Hauptspiel Minecraft, und dann
12 kommt natürlich mein eigener Kommentarstil hinzu. Das sind dann die Charaktereigen-
13 schaften, ob man laut oder leise ist, und ich versuche zumindest keine Schimpfwörter zu
14 benutzen. Es ist zwar im Großen und Ganzen mehr Gaming, aber gelegentlich mache
15 ich auch Vlogs, allerdings relativ unregelmäßig.
16
17 Interviewer: Was ist aus Deiner Sicht der Unterschied zwischen Unterhaltung im Fern-
18 sehen und Unterhaltung auf YouTube?
19
20 Paluten: Unterhaltung auf YouTube ist wesentlich persönlicher und es wirkt alles nicht
21 so professionell. Das ist, glaube ich, der größte Unterschied. Man ist halt einfach ein
22 cooler Kollege und nicht Hans-Franz, der da in seinem Anzug steht, sondern man sitzt
23 in seinen eigenen vier Wänden und hat teilweise selber nicht mal eine Hose an. Aber
24 das sieht man ja nicht. (lacht) Der Hauptunterschied ist, glaube ich, die Nahbarkeit.
25
26 Interviewer: Spielt der Begriff »Authentizität« auf YouTube eine Rolle, und wenn ja,
27 was bedeutet sie für Dich?
28
29 Paluten: Man ist sein eigener Chef. Nicht wie im Fernsehen, wo eine Produktionsfirma
30 dahinter steht und es meistens einfach Moderatoren sind, ist man auf YouTube die eige-
31 ne Person. Letztlich kann einem keiner reinquatschen, was man nun heute bringen soll.
32 Natürlich kann der Zuschauer sagen, dass er das und das jetzt nicht so gefeiert hat, aber
33 wenn ich als YouTuber an dem Tag ein spezielles Video bringen möchte, dann bringe
34 ich das einfach, und es gibt dann keinen, der mir da reinquatscht.
35
36 Interviewer: Was macht guten Content und einen guten Kanal aus?
37
38 Paluten: Guter Content ist immer relativ, denn das kommt auf die Zuschauer an. Ich
39 würde sagen, dass es für jüngere Zuschauer einen gewissen Unterhaltungswert haben
40 muss. Da spielt die Bildqualität teilweise sogar fast eine untergeordnete Rolle. Die soll-
41 te trotzdem akzeptabel sein und man sollte vielleicht mindestens 720p anbieten können.
42 Eine ältere Zielgruppe achtet dann schon wieder mehr auf Qualität und auf den Schnitt.
43 Was macht einen guten Kanal aus? Weiß ich nicht. Dass er eine runde Sache ist meis-
44 tens und es regelmäßige Uploads gibt. Das macht meiner Meinung nach zum Beispiel
45 einen guten Kanal aus.
46

Interviewer: Woran beurteilst Du, ob ein Video oder ein Kanal erfolgreich ist?

Paluten: Das ist eine Mischung aus vielen Faktoren: Natürlich sind das einerseits die Kommentare. Wenn viele Leute sagen, dass sie davon mehr sehen möchten und ich öfters solche Videos machen soll, dann ist das für mich ein Indikator. Likes spielen auch immer eine Rolle, weil ich daran die Videos direkt untereinander vergleichen kann. Views sind zwar auch wichtig, aber gleichzeitig handelt es sich dabei um eine relative Angabe, die davon abhängt, zu welchem Zeitpunkt man sie misst. Nach 24 Stunden, nach einer Woche, nach einem Jahr? Ich würde sagen, im Endeffekt ist es das Gesamtkonzept, die Mischung aus Kommentaren, Likes und Views.

Interviewer: Welche sozialen Medien und Plattformen nutzt Du für Deine Arbeit als YouTuber?

Paluten: Twitter, Instagram und YouTube. Facebook spielt mittlerweile eine untergeordnete Rolle, weil man da letztlich für die Reichweite bezahlen muss. Snapchat nutze ich nicht unbedingt. Twitter und Instagram sind für mich die wichtigsten Sachen.

Interviewer: Wofür nutzt Du die sozialen Netzwerke und Plattformen?

Paluten: Eigentlich nutze ich sie, um die Leute auf dem Laufenden zu halten. Da ist der Inhalt zum Beispiel relativ willkürlich, wenn ich auf Instagram was poste, aber da poste ich generell nicht unbedingt so oft was. Einfach um mit den Leuten ein bisschen zu connecten oder mitzuteilen, wenn ein Video mal später kommt oder ein Special-Video. Solche Sachen teile ich dann auf den Plattformen. Um die eigenen Inhalte zu bewerben, wird es sicherlich auch genutzt. Auf Twitter und Instagram sind meist eher die Hardcore-Fans, die mehr wissen wollen als nur das Gameplay.

Interviewer: Sind Zuschauer für Dich auch Ideengeber für neue Inhalte oder folgst Du strikt Deinen eigenen Plänen und Vorstellungen?

Paluten: Definitiv sind die Zuschauer Ideengeber, vor allem, wenn man sie direkt darauf anspricht. Da kann man dann auf jeden Fall Sachen rausziehen, vor allem bei so Formaten wie »Twitterfragen«, wo man die sozialen Medien und das, was die Leute direkt interessiert, mit dem eigenen Content verbindet. Da kann man super viele Ideen rausziehen.

Interviewer: Beeinflusst Dich extrem stark positives oder negatives Feedback in Form von Klickzahlen, Bewertungen und Kommentaren bei der Planung und Produktion zukünftiger Videos?

Paluten: Definitiv. Sagen wir mal, ich probiere etwas aus und das geht komplett in die Hose und die Leute finden das gar nicht cool. Dann würde ich auch sagen, dass, obwohl mir das vielleicht Spaß macht, es keinen Sinn ergibt, wenn ich das hochlade.

Interviewer: Monetarisierst Du Deine Videos auf YouTube?

Paluten: Ja.

96 Interviewer: Arbeitest Du mit Produktplatzierungen und Branded Content, und wenn
97 ja, kennzeichnest Du das und wie?
98
99 Paluten: Bis dato habe ich immer alles gekennzeichnet und werde das auch in Zukunft
100 tun. Ich habe auch auf Twitter, Facebook und Instagram gesponsorte Inhalte immer als
101 #sponsored gekennzeichnet und da ist nichts unter den Tisch gekehrt worden.
102
103 Interviewer: Siehst Du die Gefahr, dass zu viel Branded Content Einfluss auf Deine
104 künstlerische Freiheit nimmt oder Dein Ansehen und Deine Glaubwürdigkeit in der
105 YouTube-Community negativ beeinflussen kann?
106
107 Paluten: Definitiv ist das eine Gefahr, dass man dann als in Anführungszeichen »Wer-
108 behure« verschrien werden kann, die die ganze Zeit nur Geld ziehen will, Geld ziehen
109 will, Geld ziehen will. Das knabbert dann natürlich an der Authentizität. Wenn man
110 jeden Tag ein Placement machen würde, dann ist das auch nicht im Sinne des Erfinders,
111 weil die Zuschauer auch nicht mit Werbung bombardiert werden sollen. Man kann ge-
112 wisse Sachen unterstützen, wenn man mal ein Placement macht, auch für die eigene
113 Zukunft, aber das sollte man immer mit Bedacht tun.
114
115 Interviewer: Bist Du Mitglied in einem Multi-Channel-Netzwerk?
116
117 Paluten: Ja.
118
119 Interviewer: Seit wann?
120
121 Paluten: Seit knapp zwei Jahren.
122
123 Interviewer: Gab es spezielle Gründe für Dich, Mitglied in dem Netzwerk zu werden?
124
125 Paluten: Damit man nicht einfach weggestriked wird, falls man mal irgendetwas Copy-
126 rightmäßiges hochgeladen hat. Das war für mich der Hauptgrund.
127
128 Interviewer: Vielen Dank für das Interview.

Anhang 3: Interview mit Sturmwaffel

1   Interviewer: Wie bist Du dazu gekommen, YouTube-Videos zu machen und professio-
2   neller YouTuber zu werden?

4   Sturmwaffel: Tatsächlich hatte ich Langeweile, weil ich in den Semesterferien drei
5   Monate frei hatte. Schon immer habe ich Gronkh geguckt, so als Marktführer dieser
6   ganzen Gamingszene, und bin dann durch diese drei Monate Ferien da reingerutscht,
7   weil ich mir dachte, dass ich das auch und besser oder zumindest gleichwertig kann.

9   Interviewer: Was sind Deine Inhalte und wie produzierst Du sie?

11   Sturmwaffel: Hauptsächlich Gaming, und das produziere ich größtenteils alles von zu
12   Hause aus. Ab und an auch mal Videoblogs. Meistens geht es aber schon um das Thema
13   »Games«.

15   Interviewer: Was ist aus Deiner Sicht der Unterschied zwischen Unterhaltung im Fern-
16   sehen und Unterhaltung auf YouTube?

18   Sturmwaffel: Ich glaube einfach, dass es bei YouTube eine schnellere Unterhaltung ist.
19   Es ist nichts Vorgesetztes mehr, man kann sich frei aussuchen, was man will. YouTube
20   ist das neue Entertainmentding, es ist schneller, lauter, größer und kürzer und viel reiz-
21   überflutender. Also umso schneller, umso lauter, umso kürzer, umso besser eigentlich
22   meistens.

24   Interviewer: Spielt der Begriff »Authentizität« auf YouTube eine Rolle, und wenn ja,
25   was bedeutet sie für Dich?

27   Sturmwaffel: Authentizität spielt auf YouTube tatsächlich mit eine der größten Rollen.
28   Sie ist das, worauf wir als gesamtes Internetbusiness irgendwie stolz sind und das nach
29   außen hin so vertreten, dass wir ehrlicher sind als das Fernsehen, weil wir das alles noch
30   selber machen. Natürlich hat jeder von uns aber auch eine Art kleine Rolle, die er dann
31   einnimmt, einfach damit man im Video dann auf 180 ist und ein bisschen was mitbringt
32   und nicht wie eine Trantüte in der Ecke hängt. Aber in den meisten Bereichen ist es
33   schon alles sehr ehrlich und sehr schnell, würde ich sagen.

35   Interviewer: Was macht guten Content und einen guten Kanal aus?

37   Sturmwaffel: Unterhaltung tatsächlich. Qualität muss natürlich bis zu bestimmten
38   Maßstäben vorhanden sein, also tontechnisch sollte schon alles verständlich sein. Aber
39   wenn man sich mal die amerikanische Szene anguckt, da gibt es Leute, die Millionen
40   über Millionen Zuschauer haben und die benutzen noch ein Headset-Mikrofon. Das ist
41   in Deutschland nicht denkbar, weil wir in dem Punkt einen höheren Qualitätsstandard
42   haben. Dafür sind die im Englischen dann immer noch doppelt und dreifach so unter-
43   haltsam. Ich glaube, ein rundes Kanalkonzept ist wichtig, mit dem man einfach unter-
44   haltsam ist.

46   Interviewer: Woran beurteilst Du, ob ein Video oder ein Kanal erfolgreich ist?

Sturmwaffel: Für mich gibt es da zwei Ebenen: Zum einen, wie zufrieden die Zuschauer sind, und zum anderen, wie viel das zahlentechnisch abwirft. Mehr Views bedeuten mehr Werbeumsätze und dass man damit potenziell mehr Geld verdienen könnte. Aber da gibt es noch viele weitere Faktoren, die da mit hineinspielen. Es ist zum Beispiel nicht so, dass 100.000 Klicks pro Video heute noch genauso viel Geld abwerfen wie vor drei Jahren. Es gibt einmal den Erfolg, den man durch das Feedback der Community bekommt, und einmal den Erfolg, den man in Zahlen messen kann. Weil es per se relativ einfach sein kann, auf hohe Zahlen zu kommen, ist für mich noch etwas mehr das Feedback der Community der Indikator für Erfolg. Man merkt etwa, dass die Community zufrieden ist, wenn man nette Kommentare bekommt oder das Like/Dislike-Verhältnis besser ist als bei den anderen Videos. Das ist auf YouTube auch ein impulsives Gefühlsverhalten nach dem Schema »mag ich« oder »mag ich nicht«, was sich bei einem hohen Prozentsatz der Zuschauer in den ersten zehn Sekunden des Videos in der Bewertung niederschlägt.

Interviewer: Welche sozialen Medien und Plattformen nutzt Du für Deine Arbeit als YouTuber?

Sturmwaffel: Primär YouTube natürlich, dann Twitter und Instagram. Facebook eigentlich nicht so wirklich, also das ist mit Abstand meine am schwächsten vertretene Seite, wo ich auch seit mehreren Monaten nichts mehr gemacht habe, weil es auch einfach meine Zielgruppe nicht abdeckt. Seiten wie Instagram und Twitter sind deutlich beliebter und mein Content funktioniert da besser. Snapchat habe ich mal probiert, ist aber für den Gamer-Markt, den ich bediene, nicht lohnenswert. Wenn ich schon mal außerhalb von meinem Computer bin, mache ich meist eh schon einen Videoblog, den ich hochlade. Da muss ich dann nicht auch noch eine Snapchat-Story zu machen, weil ich dann meinen Zuschauern schon spoilere, was passiert und was wahrscheinlich weniger Views auf das Video zur Folge hat. Bei dem Video stecke ich aber mehr Arbeit rein, weil ich zum Beispiel die Postproduktion noch habe.

Interviewer: Wofür nutzt Du die sozialen Netzwerke und Plattformen?

Sturmwaffel: Werbung, Interaktion und Zuschauernähe aufbauen. Austausch mit der Community und Feedback sind mir auch sehr wichtig.

Interviewer: Sind Zuschauer für Dich auch Ideengeber für neue Inhalte oder folgst Du strikt Deinen eigenen Plänen und Vorstellungen?

Sturmwaffel: Ich glaube, das geht Hand in Hand. Natürlich habe ich selber viele Ideen und beobachte dann erst mal, wie die Zuschauer darauf reagieren, und die lenken mich dann durch ihr Feedback. Sagen viele, dass etwas gut ist, dann mache ich das gerne weiter, und genauso, wenn viele sagen, dass etwas nicht gut ist oder ich das so und so verändern könnte, dann arbeite ich weiter daran. Man arbeitet sozusagen manchmal gemeinsam an den Ideen.

Interviewer: Beeinflusst Dich extrem stark positives oder negatives Feedback in Form von Klickzahlen, Bewertungen und Kommentaren bei der Planung und Produktion zukünftiger Videos?

97   Sturmwaffel: Genau.

98

99   Interviewer: Monetarisierst Du Deine Videos auf YouTube?

100

101   Sturmwaffel: Ja.

102

103   Interviewer: Arbeitest Du mit Produktplatzierungen und Branded Content, und wenn
104   ja, kennzeichnest Du das und wie?

105

106   Sturmwaffel: Bisher habe ich noch nicht mit Produktplatzierungen gearbeitet, werde es
107   jetzt aber bald ab nächsten Monat. Die werde ich dann nach den Vorgaben der Landes-
108   medienanstalt kennzeichnen, also mit der Angabe »Unterstützt durch Produktplatzie-
109   rungen« für die ersten fünf Sekunden in der oberen Ecke, die danach zu einem dauer-
110   haften »P« im Video wird. Dazu wird auch in der Beschreibung darauf hingewiesen.

111   Interviewer: Warum hast du bisher keine Produktplatzierungen gemacht?

112

113   Sturmwaffel: Vom Inhalt her hat es bisher einfach noch nicht gepasst. Da waren noch
114   keine interessanten Leute oder Produkte dabei, hinter denen ich selber auch stehen
115   kann. Ich möchte meine Meinung nicht verkaufen, sondern ehrlich hinter den Marken
116   stehen, und wenn man dann noch bezahlt wird, ist es für mich ein Bonus.

117

118   Interviewer: Siehst Du die Gefahr, dass zu viel Branded Content Einfluss auf Deine
119   künstlerische Freiheit nimmt oder Dein Ansehen und Deine Glaubwürdigkeit in der
120   YouTube-Community negativ beeinflussen kann?

121

122   Sturmwaffel: Umso mehr man Branded Content bringt, umso mehr hapert auch die
123   Glaubwürdigkeit. Nimmt man zum Beispiel mal Streamingdienste in Deutschland:
124   Wenn mir Netflix und Amazon Video eine Zusammenarbeit vorschlagen und ich mache
125   für beide was, dann könnte ich ja nicht sagen, dass ich die beide gleich geil finde. Meis-
126   tens hat man da ja einen Favoriten, und zu dem sollte man dann auch stehen, finde ich.
127   Genauso wie ich nicht in einem Monat Werbung für einen Schokoriegel mache und im
128   nächsten dann für Diätkram, das zwackt an der Glaubwürdigkeit. Der Markt auf
129   YouTube ist auch noch ein sehr junger Markt, und viele große Firmen haben noch nicht
130   ganz verstanden, wie das dort funktioniert und dass der beste Branded Content der ist,
131   der zwar das Produkt beinhaltet, aber wo dem Künstler ein freier Rahmen für das Video
132   geschaffen wird. Das sehen viele große Hersteller noch nicht und machen deswegen
133   sehr strikte Richtlinien. Das ist auch schon ein paar mal ins Auge gegangen. Diese Bei-
134   spiele sind dann leider direkt sehr stark öffentlich in den Medien ausgetreten worden.
135   Das ist sehr schade für die gesamte Onlinecommunity, weil es viele Gegenbeispiele
136   gibt, die sehr gut sind, wenn es um Branded Content geht.

137

138   Interviewer: Bist Du Mitglied in einem Multi-Channel-Netzwerk?

139

140   Sturmwaffel: Ja.

141

142   Interviewer: Seit wann?

143

144 Sturmwaffel: Seit Anfang 2015. Bis Ende 2013 habe ich meine Videos nicht monetari-
145 siert, bis jedes Video nicht über 5.000 Aufrufe hatte.
146
147 Interviewer: Gab es spezielle Gründe für Dich, Mitglied in dem Netzwerk zu werden?
148
149 Sturmwaffel: Für die Absicherung wegen Copyright.
150
151 Interviewer: Vielen Dank für das Interview.